名师智业联盟

创富
从付出
开始

杨童元◎著

中国财富出版社

图书在版编目（CIP）数据

创富从付出开始 / 杨童元著 . —北京：中国财富出版社，2017.6
（名师智业联盟）
ISBN 978 - 7 - 5047 - 6510 - 9

Ⅰ.①创… Ⅱ.①杨… Ⅲ.①创业 Ⅳ.①F241.4

中国版本图书馆 CIP 数据核字（2017）第 142240 号

策划编辑	单元花	**责任编辑**	单元花		
责任印制	方朋远	**责任校对**	胡世勋 张营营	**责任发行**	董 倩

出版发行	中国财富出版社	
社　　址	北京市丰台区南四环西路 188 号 5 区20 楼	**邮政编码** 100070
电　　话	010 - 52227588 转 2048/2028（发行部）	010 - 52227588 转 307（总编室）
	010 - 68589540（读者服务部）	010 - 52227588 转 305（质检部）
网　　址	http://www.cfpress.com.cn	
经　　销	新华书店	
印　　刷	北京京都六环印刷厂	
书　　号	ISBN 978 - 7 - 5047 - 6510 - 9/F · 2776	
开　　本	710mm×1000mm　1/16	**版　　次** 2017 年 8 月第 1 版
印　　张	12	**印　　次** 2017 年 8 月第 1 次印刷
字　　数	166 千字	**定　　价** 45.00 元

推　荐　序

人们的生存发展离不开财富。改革开放以来我国的经济不断发展，财富越来越受到人们的关注。财富观的碰撞更是一再引发人们的热议。有人仇富，有人炫富，有人歧穷……我们到底应该怎样面对财富？我们要如何创富？一时之间，人们的财富观貌似陷入了混乱之中。

本书作者针对创富这一话题，通过大量的案例回答了我们应该怎样面对财富、应该怎样创富等时下人们非常关注的财富问题。作者认为创富首先要学会付出，一个不懂得付出的人是没有资本谈创富的；个人的富裕没有什么好炫耀的，一个人的价值体现在他帮助了多少人创富，而不是他个人拥有多少财富。字里行间充满了感恩之心、利他之心、慈善之心……满满的正能量。作为多年好友的我，读完此书，思索良久。现代企业家的创富问题，确实是值得深思的问题。怎样做到面对财富不迷失自我，富而思进，富而思源，是每个企业家以及行走在创富路上的人，必须面对的课题，否则就失去了人生的价值和意义。

人人渴望财富，但是创富要遵守一定的法则，君子爱财，取之有道。作者在本书中讲了 15 个创富的法则，每个法则既有案例佐证，又有具体的方法指导，对于想要创富的人来说有很大的指导作用。

阅读本书，会让你在创富的过程中不再迷茫。

孙军正
2017 年 3 月

前　言

随着市场经济的发展，一些人把获得财富，作为创富的唯一目的。个人先富起来了，而后只顾个人享乐，不懂得付出，这样的人迟早会被社会抛弃。文明社会主张共同富裕，个人富了不忘回馈社会，才是正确的做法。当然一个不懂得付出的人，也有可能不会长久地富裕。

本书的主旨是创富应该从付出开始。无论是提高个人素质的付出，还是帮助他人的付出，在创富的过程当中都要不断地付出。天道酬勤，只有付出才会有收获。一个懂得付出的人是一个具有感恩之心、利他之心、慈善之心的人。书中对怎样感恩、怎样利他、怎样向善进行了详细的阐述；并配以丰富的案例，有些案例深藏哲理，有些案例发人深省，有些案例中的人物为我们树立了榜样。这些案例使读者在阅读的过程中不会感到文字苦涩无味，而是带给读者很大的阅读兴趣。笔触所在，兴之所至，通过阅读本书你会获得颇多的感悟。

本书着重讲述了创富的15个法则：为了心灵的富足而创富；不要企图抢夺属于他人的财富；渴望财富并不断追求进步，为此付出努力；做正确的事，彻底把贫穷抛在脑后；没有失败，只有停止前进；远离懒惰将梦想付诸实践；不要坐等机会上门，要把握每一次可能的机会；牢牢坚守你的目标，坚定创富的信念；让自己足够富有，才能更好地帮助别人；互惠才能实现互利，不以任何理由强迫他人；做自己喜欢的事并关注伟大和高贵

1

的事；高效行动专注做好眼前的事，把自己的能力发挥到极致；始终心怀感恩，给予他人比你得到的要多；始终满怀信心，全力以赴成为一个卓越的人；创富从付出开始。在讲述法则的同时，本书给出了创富的意见和建议，希望读者在创富的过程中能够一帆风顺！

阅读本书不但可以明白怎样创富，还会懂得创富的意义是为了社会的共同富裕，每个人都应该为社会的共同富裕贡献自己的一份力量。

杨童元

2017 年 4 月

目　　录

第一章

人人都有创富的权利

创富不受外在条件影响，与天赋无关

对财富的追求是一些人创业的动力，然而想要通过创业来达成创富，未必人人都能成功。很多人看到他人创业成功，跃跃欲试又抱怨重重：苦于没有创富的资金；苦于没有创富的机会；苦于学历不够……总之能找出许许多多创富梦无法实现的理由。

其实，影响创业者的主要因素不是资金，不是机会，也不是天赋，而是自己的决心和勇气。

在创富的道路上埋怨外部条件不足，顾虑自身资历不够，瞻前顾后、患得患失的人是不可能成功的，只有那些敢于拼搏，辛勤付出的人才会赢。

胡雪岩小时候是个放牛娃。一天下午，胡雪岩像往常一样去放牛，他把牛赶到草地上吃草，自己便去路边凉亭里休息。他刚走进凉亭，就发现里面有一个大大的蓝布包袱，上前伸手摸了摸，硬邦邦的，又掂了掂，分量很重。出于好奇，他打开了包袱，想看看里面有什么。这一看，着实把他吓了一跳，包袱里全是金银财宝。

胡雪岩想了想，把包袱藏到草丛里面，然后像什么事都没有发生一样，坐在凉亭等待失主。可是，直到太阳快下山了，也不见有人来寻，胡雪岩虽饥肠辘辘，但仍等候着失主。

傍晚时分，一个人慌慌张张地跑了过来，开口就问："小哥小哥，你有没有看到我丢的东西？"

胡雪岩并没有直接回答，而是很沉稳地反问："你丢了什么东西？"那个人说："丢了一个蓝色的包袱。"胡雪岩听到他这么说，继续问："里面都有些什么东西？"

那个人一听就知道东西找到了，否则这个少年怎么会这样问他呢？于是赶忙把里面的东西——说出来。胡雪岩见他说得分毫不差，这才将包袱取出来还给他。

东西找到了，失主非常高兴，于是从中拿出两样东西，对胡雪岩说："这个给你，算是对你的酬谢。"胡雪岩连忙拒绝说："谢谢您，但是我不能要，这本来就是您的东西，我又没有做什么，本来就应该还给您的。"

失主听后，大为感动，对胡雪岩说："我姓蒋，在大阜开有一家杂粮店。你这么好的小孩，在这里放牛可惜了，如果你愿意，我收你当徒弟如何？"

胡雪岩想了想，说："我现在不能答应您，我要回去问过母亲才行。如果母亲同意的话，我当然乐意跟您去。"蒋老板一听，更是觉得这个徒弟他收定了，就回答说："好好好，我把地址留给你，如果你跟母亲谈妥了，就过来找我，我会给你安排好，一切事情你都不必担心，我一定会好好教你。"

胡雪岩回家以后，把事情告诉了母亲，母亲听后十分高兴，有这么好的机会当然要去，这是求之不得的事情。于是，胡雪岩13岁的时候，独自一人离开了家，开始了他的学徒生涯。这是他的第一次机会。

胡雪岩在大阜杂粮行里面的勤快自不必说，老板交代的事情，一丝不苟地去做；老板没有交代的事情，能做也尽量去做。

时间就这样飞快地过去了两年，转眼间胡雪岩15岁了。

　　这一年，一位金华的客商来杂粮店谈生意，可是刚到大阜就病倒了。这位客商是金华火腿行的掌柜，他在大阜人生地不熟，无人照顾，而生病又回不了金华，心里十分着急。因此，病情就更加严重了。胡雪岩得知此事后，一连多日给他端药送饭，忙前跑后，照顾得十分周到。在胡雪岩的精心照顾下，没过多久，客商痊愈了。他十分感动，就问杂粮店的蒋老板怎么会有这么好的徒弟。于是，蒋老板把自己包袱失而复得的事情，以及胡雪岩在自己店里的表现跟他一五一十地说了一遍。

　　金华火腿行的掌柜听后大为感动，就主动问胡雪岩："我们那里比大阜好玩得多，你随我一起到金华如何？"胡雪岩还是没有立刻答应："谢谢您的厚爱，但是我必须要先问过我的老板才行。老板同意，我才可以答应您。如果老板需要我在这里，虽然我想去，但是也不能跟您走，请您理解。"

　　胡雪岩把金华火腿行掌柜的意思告诉了蒋老板，蒋老板欣然答应，因为金华火腿行要比自己的杂粮店规模大得多，对胡雪岩而言，是一个更大的机会。于是，胡雪岩从大阜来到了金华。后来，胡雪岩又得到了到钱庄当学徒的机会。

胡雪岩之所以能够取得成功，是因为他具有拾金不昧、诚实守信、勤奋好学的优良品质。凭着这些优良品质再加上他的努力，以及不受外界因素的影响，创造出了属于自己的成就。由此可知，创富需要诚实守信，坚持努力，最后才能够成功。

创富不受外界条件影响，与天赋无关，那么究竟怎样才能创富呢？

1. 做好充分的准备

机会是留给有准备的人的，当然创富不是要你一切准备好再付出行动，只要有机会随时都可以行动。创富的一般方式就是创业，在开始创业前，首先要做好思想准备：做任何事情都不可能一帆风顺，创业更是会遭遇困难挫折，如果你失败了怎么办？你能承受住多大程度的打击？这是创业之前要想清楚的问题，或许这个问题不需要提前很久就想好，至少在你行动之前必须要想到。

2. 目标要符合实际

市场经济时代处处充满商机，也处处都是陷阱。创业不是头脑一热就行动，对于你所要从事的行业一定要有充分了解。不但要看清这个行业目前的竞争程度、赢利空间，还要预见未来的发展情况，切不可鸭子过河随大溜，盲目行事。

3. 目标要清晰

每个创业者都想发财，都想获得更多的财富，这是无可厚非的。但是，想要通过创业来达到创富的话，就一定要确立清晰的发展目标，否则只是想要获得更多财富，而没有实际的行动计划，只会是空想，创富也会成为竹篮打水———一场空。所以，创业需要实事求是地确定一个发展目标，一步一个脚印地去实现目标。

4. 要迅速行动

一旦确定了创富目标，就要赶快行动起来。现代社会互联网信息传播迅速，在你看到好的机会的时候，别人也会很快得到这一信息，一旦别人先下手，他就会成为你的竞争对手，而且如果他入行较早，就会比你有更多的优势。因此，在创富的路上，只有快速行动，与同行结成联盟，无私付出你的资源，携手共进，才有可能更快成功。只有高效地行动，才有获得更多财富的可能。

5. 要善于总结

社会是一个大学堂，只有善于总结的人，才能学到更多的知识。总结不仅是一个学习的过程，更是一个进行全面、深入自我反思的过程。通过总结，我们可以了解自己的优势，发现自己的不足，有利于以后工作的改进。那些创业成功的人，基本上都是一些善于总结的人，他们能够通过一件事，掌握一类事的发展规律，从而在以后的创业之路上能够有预见性。创业者要想更好地创富，必须养成善于总结的好习惯。

6. 要有坚强的意志

在创业的路上，总会碰到风雨、荆棘，创业的过程就是勇敢面对的过程。没有战胜困难的意志，那就只有被困难打倒的份儿。面对困难，创业者的意志必须坚定，创业很大程度上来说是对一个人意志的考验。在创富的路上，能够笑到最后的人，往往都是意志坚定的人。这种意志来自自己的坚定信念，也来自在面对各种困难时，积累起来的自信。

财富不是罪恶，享受完美人生从创富开始

每个人生活在世上都离不开财富，没有财富的生活是可怕的，拥有更多的财富是很多人追求的目标。甚至有些人把拥有财富的多寡作为衡量一个人才华高低的标准，以至于人人羡慕那些所谓的有钱人……从"原罪论"到"富二代"，从"炫富"到"仇富"，有关"财富"的话题层出不

穷。财富无疑已经成为舆论关注的热点。

有些人为了得到财富甚至不惜铤而走险：贪污受贿、生产假冒伪劣产品、走私毒品，在获得财富的道路上无恶不作。当然，我们并不是否定获得财富，我们所排斥和厌恶的是对财富过分贪婪的人，是以非法手段敛财的人。

孔子说："君子喻于义，小人喻于利。"可见，不同的人有不同的财富观。有人说："它引起了无数的争夺，伤害了许多无辜的人。"有人说："它滋生了腐败，使人与人之间产生钩心斗角。"但是我觉得这些并不是财富所引起的，归根结底是人的贪欲。

英国思想家培根曾经说过："对于财富，我充其量只能把它叫作美德的累赘……财富之于美德，犹如辎重之于军队。辎重不可无，也不可留在后面，但它却妨碍行军。不仅如此，有时还因顾虑辎重，而丢掉胜利或妨碍胜利。""不要追求显赫的财富，而应追求你可以合法地获得的财富，清醒地使用财富，愉快地施与财富，心怀满足地离开财富。"这是培根对财富的看法，他告诉我们财富本身不是罪恶，但是我们要正确地看待财富，在遵循道德和法律的前提下，在阳光下创造自己的财富。

我们究竟要怎样对待财富呢？我们要用自己的辛勤付出来创造财富，以平常心态来对待财富。

在中国古代，文人不善于经商，也看不起商人这个行业，甚至鄙视商人。

所以不少优秀的文人墨客，虽然文章写得好但不懂经商之道。但也有例外，康有为就是一位才华横溢，文思敏捷，又具备超人的经济头脑，懂得理财的文人。

康有为流亡海外多年，其间得到了许多爱国华侨的慷慨资助，这是他得以周游列国的经济保障。但他也运用自己的聪明才智赚了不少钱，特别是在墨西哥经商时。

1906 年春节期间，他访问墨西哥，受到当地政府隆重接待。当时墨西哥城正在筹款修筑有轨电车，他敏锐地意识到电车轨道经过的地方，将会成为人气旺盛的商业圈，地价也会随之飙升，这是一个十分难得的赚钱机会，便大量购置电车轨道经过之处的地产。没过多少日子，这些地价果然上涨了好几倍，他轻轻松松获得了 10 多万银元的赢利。

康有为的好友梁启超也是经商的好手，他在 1898 年以"保皇会"的名义，用入股的方式向海外华侨集资，在上海创办"广智书局"和"新民丛报社"。他凭借自己的知识资源，占有 1/3 的股份，一年收益上万银元。当时康有为因逃避清政府追杀而避居印度吉大岭，经济陷于窘境，他得知后马上汇出 1800 银元，资助康有为。

有道是"此一时，彼一时"，当康有为在墨西哥狠赚了一笔之时，梁启超的"广智书局"却陷入亏损的窘境，康有为得知后马上写信询问梁启超需要多少钱？梁启超回信说："每年费用 3000 银元。"康有为立即汇出 5000 银元：给梁启超本人 3000 银元，给梁启超在澳门的家属 1000 银元，给梁启超的兄弟 1000 银元交学费。"康梁"在政治上结为同盟早已美名远扬，在经济上互相施以援手，也传为佳话。

康有为晚年非常富裕。1913 年，康有为结束流亡生涯回国，广东政府发还了被清朝政府抄没的康氏家产，并加发官产作为对康有为流亡 15 年的赔偿。资本贵在积累与增长，康有为非常清楚这一点。他于 1914 年 6 月定居上海，租赁上海新闸路 16 号辛家花园，每月租金 120 银元，一住 8 年。这期间他看到上海房地产的升值潜力巨大，便马上变卖了广东的房产，在上海买入地皮。没过多久，上海的地皮飞涨，康有为又大赚了一笔。接着他又投资交通干线附近的房产，同样获利颇丰。

1921年，康有为在愚园路自购地皮10亩，建造了一座中西合璧的花园住宅，取名"游存庐"，十分豪华。晚年时他还在别处购买、修建了3座别墅，分别为杭州西湖的"一天园"、上海杨树浦的"莹园"和青岛的"天游园"。"一天园"占地30余亩，历时4年才建成。"莹园"建成后转让给别人，属于短线投资项目。青岛的"天游园"原来是总督楼，康有为购买后加以改、扩建，他的生命最后终结于此。

生活离不开财富，但是财富本身并没有善恶之分，主要是看我们怎样去对待。作为文人的康有为，并没有轻视经商，他只是遵照自己的内心，过自己想要的生活罢了。所以，不管你有什么样的生活经历，完美的人生并不是自己要拥有多少财富，享受完美的人生往往是从创富开始的。在你能够靠自己的事业养活自己的时候，心灵也会得到很大的满足。

我们怎样才能树立正确的财富观呢？

1. 不要随意给财富贴上罪恶的标签

财富是推动经济和社会发展的重要力量，无论是个人生活，还是社会发展都离不开财富。我们应该多多掌握专业知识和工作技能，提高获得财富的能力，在为社会创造更多的财富的同时，满足自己对财富的需求。我们还要鼓励那些依靠个人的努力，遵纪守法的创富行为，维护创富者的合法权益，不要一味地质疑甚至仇视财富。

2. 用正确的态度来对待财富

要想让财富发挥最大的价值，就要使其服务于人们，帮助人们提高生活水平。在对待人与财富的关系上要"以人为本"，不能脱离了财富为人服务这一宗旨，而盲目认为财富越多越好，不懂得让财富为我所用，这将使自己沦为财富的奴隶。人生的价值和内涵十分丰富和复杂，具有无限的可能性，但是人一旦沦为财富的奴隶，就会失去主动性和创造性，而把占有和挥霍更多的财富作为人生的价值和意义。

3. 提高人们的福利

在财富的分配上，应该着眼于"提高人们的福利"这一最终目标。著名作家蒋子龙说："金钱可以买床铺，不可以买睡眠；可以买书本，不可以买知识；可以买食物，不可以买胃口；可以买服饰，不可以买美丽；可以买婚姻，不可以买爱情。"财富对个人来说作用是有限的，有钱能使鬼推磨是错误的财富观。我们要用财富去做一些有意义的事情，奉献出一分爱心、一分力量，帮助他人，用它来"提高人们的福利"，这样才能获得更多的幸福和快乐。

任何人都可以创富，追求富有是人生的权利

虽然现在大多数人认为创富和自己无关，自己只要顾好本职工作或者眼前的生活就可以了，甚至有的人认为创富和自己的身份不符。其实市场经济时代，我们每个人都是创富的主体，任何人都可以创富，追求富有是人生的权利，财富并没有限定主人的身份或条件。

子贡是儒家鼻祖孔子的得意门徒之一。

11

子贡不仅仅是位学者，而且他在跟着孔子学习的同时，还做着各种各样的生意，在当时他可算得上是一位大商人。

《史记·仲尼弟子列传》有这样的记载："子贡好废举，与时转货赀……家累千金。"这话的意思是说，子贡善于判断市场行情的变化，贱买贵卖从中获利。

子贡，并不是一个守财奴，他用赚来的钱帮助孔子宣扬儒学。子贡在帮助穷困的孔子一次次渡过难关之后也名满天下。中外驰名的《论语》绝大部分记录的是孔子和子贡的对话就是例证。

子贡的经商之术和求学之术是相通的，当别人不愿跟孔子学习时，他忠实地求教于孔子，这是人弃我取；当人们追求财富时，子贡为孔子"结驷连骑束帛之币以聘诸侯"，这是人取我予。历史上比子贡富有的人有很多，但是他们早已经随风而去，子贡却伴随着儒学的发扬光大而流芳百世。子贡成为当时商人当中的最大赢家。

史学家司马迁在《史记·货殖列传》中盛赞子贡道："七十子之徒赐（子贡）最为饶益，原宪不厌糟糠，匿于穷巷，子贡结驷连骑束帛之币以聘诸侯，所至，国君无不分庭与之抗礼。夫使孔子名布于天下者，子贡先后之也。此所谓得执而益彰乎？"从这段话可以看出连司马迁都认为孔子的名声之所以能布满天下，儒学之所以能成为当时的显学，在很大程度上是因为子贡推动的缘故。

有些学者认为自己不适合经商，还有的人认为学者、教授经商不伦不类。其实经商是门大学问，无论是谁掌握了经商的技巧都可以创富。能否创富关键是看你能否发现商机，是否有创富的心理准备。或许有的人说我很想创富，也有这个心理准备，但是就是没有时间：我要做好本职的工作，我要照顾家庭，我要照顾孩子……其实这些都是借口。现代社会信息发达，各种创富平台层出不穷，想要创富总是能找到时间的，只要你想，没有做不到。

洛阳自古就是一个商业发达的地方，洛阳人擅长经商。名满天下的大商人白圭就出生在这个地方。

白圭早年并非从事商业，据说他年轻的时候做过魏惠王时期魏国的国相。白圭经商是在他退出政治舞台之后的事情。白圭弃政从商之后把经商当作自己人生的大事来做，他说："吾治生产，犹伊尹、吕尚之谋，孙吴用兵，商鞅行法是也。是故其智不足与权变，勇不足以决断，仁不能以取予，强不能有所守，虽欲学吾术，终不告之矣。"这句话的意思是，如果"智"不能权变，"勇"不能决断，"仁"不能决定取予，"强"不能守业，那就无法与他讲经商的本领。

白圭的经商理念和策略与众不同。白圭生活的年代，商人们中意于珠宝生意，但是他偏偏不做这个生意，而是独辟蹊径，从事农产品买卖。因为他注意到了当时社会的农业发展、民以食为天、农产品是老百姓的必需品。农产品买卖虽然利润不大，但需求很普遍。

粮食丰收的年份，农民会把自己多余的粮食拿出来出售，而且价格也比较低，白圭就在这个时候大量地买进；当粮食歉收的年份，农民收获的粮食不够吃的，需要买进一些粮食，这个时候白圭就把收购的粮食以较高的价钱出售，这样做从中取得了不少利润。

白圭认为，上下波动是物价运动的基本形式。"贵上极则反贱，贱下极则反贵"。

物价的高低是由商品的供需状况决定的。"论其有余不足则知贵贱。"供给是价格变化的主要矛盾，供多于求就是有余，供不应求则是不足。

而决定商品供给多少的是农业生产的丰歉情况。

白圭认为物价并非是不可预测的。只要观察和推测到岁星将要到达的方位，就可以推测出农业生产的丰歉，也就可以推测出物价升高还是降低，农产品会变贵还是变贱。

所以，在商业经营中要"人弃我取，人取我予"。不论是"旱则资舟，水则资车"，还是"人弃我取，人取我予"，都是在商品有余、价格低廉时购进，而到商品缺乏、价格昂贵时售出。此乃"待乏"原则。

"贱取如珠玉，贵弃如粪土""若猛兽鸷鸟之发""乐观时变""与时逐而不责于人"都是告诉我们不要错过良机。

白圭被认为是中国历史上，专门研究如何以做生意谋生、立业的第一人。

创富是有规律可循的，只要你能像白圭一样，多总结创富规律，掌握创富的规律，就一定有办法克服创业过程中遇到的困难，从而取得丰厚的回报。所以，不要再抱怨自己由于这个、那个原因而不能创富了。创富从现在开始，大家都可以，全力以赴吧。

物质的富足不算真正的富有，付出创造心灵的富足

改革开放以来，有些人把财富的概念进行了史无前例的简单化。一些人把财富等同于金钱，或者说把财富等同于物质。或许人类历史上，从来没有把财富如此简单化过。经济社会的发展让一些人忽视了某些重要的问题，也让某些概念产生了变化，比如成功。现在很多人衡量一个人是否成

功，通常是看他获得物质财富的多寡。

人类的财富有物质财富和精神财富之分。物质财富是指看得见的东西，例如楼房、汽车、存款金额等；精神财富是相对于物质财富来说的，它主要指一个人的学识、见识、修养、智慧等。

很多人觉得拥有更多的物质财富，在生活上得到更大满足才能幸福。这在某种程度上是对的。经济学家经研究证明，发达国家的人民相比贫穷国家的人民总体来说的确要更加幸福，同时一个国家的高收入人群的确要比低收入人群总体更加幸福。但是，财富并不能代表一切。

在市场经济条件下，一些人常常用物质上的富有来衡量自己的人生价值，以富为贵，以富为乐，为了获得财富不惜牺牲人格。那么，是否一个人在物质上很富有，他的人生就一定是有价值的呢？答案是否定的。物质是人的身外之物，生不带来，死不带走，然而精神可以流传，就像那些为了人民的自由而不惜牺牲生命的烈士，他们虽死犹生，他们的精神永远流传，而没有人会在意他们生前获得了多少财富。

一个人物质上的富有，并不代表精神上的富有。一个人精神上是否富有，关键取决于他的道德是否高尚、目光是否远大，是否致力于整个社会的发展。那些狭隘自私、唯利是图、一毛不拔的人，虽然在物质上可以说是富有的，但是不愿付出，所以在精神上是贫穷的。只有那些懂得付出，懂得使心灵富足的人，才是真正富有的人。

名医华佗是东汉末年安徽省亳县城北小华庄人，父亲是个教书先生，母亲养蚕织布，生活过得比较拮据。再加上当时，宦官当道，赋税徭役繁重，战乱不断，瘟疫流行，连温饱问题都不能解决，谁还有心思让孩子上学呢？

一天，华佗的父亲带他到城里"斗武营"（当地富豪斗拳比武的地方）看比武。回家后父亲肚痛难忍，没来得及就医就去世了。母子俩悲恸欲绝，安葬完华佗的父亲之后，家里更是穷得揭不开锅了。那时华佗才7岁，母亲把他叫到跟前说："儿呀！你父已死，我织布也没有本钱，今后咱娘俩怎么生活呀？"华佗想了一想说："娘，不怕，城内药铺里的蔡医生是我父亲的好朋友，我去求求他收我做个徒弟。学医，既能给人治病，又能养活娘，不行吗？"母亲听了满心欢喜，就给华佗洗洗脸，换了件干净的衣服，让他去了。

华佗拜蔡医生为师，从学徒做起，不管是干杂活，还是采草药，都很勤快卖力，师傅很高兴。一天，师傅把华佗叫到跟前说："你已学了一年，认识了不少药草，也懂得了些药性，以后就跟你师兄抓药吧！"华佗当然乐意，就开始学抓药。谁知师兄们欺负华佗年幼，铺子里只有一杆秤，你用过后我用，从不让他沾手。华佗想：若把这事告诉师傅，责怪起师兄，必然会闹得师兄弟之间不和，但不说又怎么学抓药呢？俗话说："天下无难事，只怕有心人。"华佗看着师傅开单的数量，将师兄称好的药逐样都用手掂了掂，心里默默记着分量，等闲下时再偷偷将自己掂量过的药草用秤称称，对证一下，这样天长日久，手也就练熟了。

有一回，师傅来看华佗抓药，见华佗竟不用秤，抓了就包，心里很气愤，责备华佗说："你这个小捣蛋，我诚心教你，你却不长进，你知道药的分量拿错了会药死人吗？"华佗笑笑说："师傅，错不了，不信你称称看。"蔡医生拿过华佗包的药，逐一称了分量，跟自己开的分量分毫不差。再称几剂，依然如此，心里暗暗称奇。后来一查问，才知道是华佗刻苦练习的结果，便激动地说："能继承我的医学者，必华佗也！"此后，便开始专心教华佗望、闻、问、切。

一次，丁家坑李寡妇的儿子在涡河里洗澡出事了，李氏飞奔来找蔡医生，蔡医生见孩子双眼紧闭，肚子胀得像鼓，便叹气说："孩子难救了。"李氏听了哭得死去活来。华佗过去摸了摸脉，低声对师傅说："孩子可能还有救！"蔡医生不信。华佗叫人牵头牛来，先把孩子伏在牛身上控出水，然后再放平孩子，用双腿压住孩子的腹部，提起孩子的双手，慢慢一起一落地活动着，约莫一刻钟工夫，孩子渐渐喘气，睁开了眼。华佗又给开了剂汤药，把孩子治好了。华佗有起死回生的医术的消息像风一样传开了。蔡医生羞愧地对华佗说："你已青出于蓝而胜于蓝，我没本事教你了，你出师开业去吧！"华佗出了师，也不开业，而是游学徐土一带，寻访名医，探求医理，给人治病。

或许有人会对华佗的选择不解：他为什么放弃开业赚钱而甘受游历之苦呢？之所以有这种疑问，那是因为他们没有看到华佗的心灵摆脱了物欲的束缚，已经能够像鸟儿一样自由自在地飞翔的幸福。他们也没有看到华佗为提升自己的医术所做的付出。

华佗的故事告诉我们：无论你生活清贫，还是富有，都不要忘记寻找心灵的富足。只有为寻求心灵的富足做出努力，才能得到真正的自由和快乐。人的任何追求都应该以追求心灵的富足为最终目标。当然，这不是说我们可以忽视物质财富，而是应该把对物质财富的追求回归到获得心灵富足上。当我们获得足够的物质财富后，只有付出更大的努力创造心灵的富足，才能避免陷入无聊和空虚。

无论我们做什么事情，都要先问问自己，这么做是否能够得到心灵的富足。如果回答是否定的，即使能够获得再多的财富，我们也没有必要做这件事情。

人类生活在地球这个有限的空间里，能利用的自然资源也是有限的，如果人类疯狂地追求物质享受，势必带来两个严重的后果：一是地球上的资源被快速消耗掉；二是环境污染加剧。这两者是地球生存环境恶化的突出表现。那我们的子孙后代将何以为生？为了自己的享乐而不惜毁坏我们赖以生存的地球，并将子孙置于一个资源枯竭的、有毒的"垃圾场"中，即使我们能够获得很多的物质财富，何以安心？

另外，我们需要把心灵的富足和虚荣心的满足区别开。你一场婚礼花一百万元，我一场婚礼花上千万元，这是满足虚荣心。虚荣心带来的是不好的后果。对青少年来说，相互攀比物质财富，容易使心灵迷茫，由于缺乏自控能力，再加上虚荣心的驱使，他们可能会通过非法手段去获取财富，走向错误的深渊。

心灵的富足是一种美，这种美是一种发自内心的快乐，与虚荣心的满足有很大的区别。如果你拥有丰厚的物质财富而心灵空虚，你不会感到快乐。即使你没有足够的物质财富，却因付出而得到心灵满足，这就是真正的富有。

帮助他人创富终将成就自己的财富人生

爱默生名言："人生最美丽的补偿之一，就是人们真诚地帮助别人之后，同时也帮助了自己。"这正是人们所说的"赠人玫瑰，手有余香"。"舍得"，有舍，才有得。帮助别人看似舍弃了一些东西，例如，时间、金钱等，但是正是这些舍，让我们得到了心灵的满足，帮助别人时顺便成就了自己。在创富的道路上这些道理也同样适用，那些肯帮助他人创富的人，终将成就自己的财富人生。

一个春天的上午，胡雪岩正在客厅里和几个分号的大掌柜商谈投资的事情。谈到刚刚做完的几笔投资时，胡雪岩面色凝重。那时店里的掌柜们做了一些投资，大家多少都赢利了，只是有的大掌柜赚取的利润很少。胡雪岩绷着脸，教训其中几个在投资中获利甚微的大掌柜，告诉他们下次投资时要做好充分的分析，不要贸然出手。

胡雪岩话音刚落，就有人进来禀告，说有个商人有急事求见。前来拜见的商人满脸焦急。原来，这个商人在最近的一次生意中栽了跟头，急需一大笔资金来周转。为了救急，他拿出自己全部的产业，想以非常低的价格转让给胡雪岩。

胡雪岩非常重视这件事情，让商人第二天来听消息并且连忙吩咐手下人去打听是不是确有其事。手下人很快就赶回来，证实商人所言非虚。胡雪岩听后，连忙让钱庄准备银子。因为对方需要的现银太多，钱庄里的又不够，于是，胡雪岩又从分号急调了大量的现银。

第二天，胡雪岩把商人请来，不仅答应了他的请求，还按市场价来购买对方的产业，购买价大大高出对方转让的价格。那个商人非常吃惊，不明白胡雪岩为什么白捡的便宜都不占，坚持按市场价来购买那些产业。

胡雪岩对那个商人说："你放心吧，我们只是暂时保管这些抵押的产业，等到你挺过这一关，随时可赎回，只需要在原价上再多付一些微薄的利息就可以。"胡雪岩的举动让商人感激不已，商人二话不说，签完协议之后，对着胡雪岩深深作揖，含泪离开了胡家。

商人一走，胡雪岩的手下人可就想不明白了。大家问胡雪岩，有的大掌柜赚钱少了被训斥半天，为什么他自己这笔投资赚钱更少，而且到嘴的肥肉还不吃。不仅不趁着对方急需用钱压低价格，还主动给对方多付银子。

胡雪岩喝着热茶，讲了一段自己年轻时的经历和故事："我年轻时，还是一个小伙计，东家常常让我拿着账单四处催账。有一次，正在赶路的我遇上大雨，同路的一个陌生人被雨淋湿。那天我恰好带了伞，便帮人家打伞。后来，下雨的时候，我就常常帮一些陌生人打伞。时间一长，那条路上的很多人都认识我。有时候，我自己忘了带伞也不用怕，因为会有很多我帮过的人为我打伞。"

说着，胡雪岩微微一笑："你肯为别人打伞，别人才愿意为你打伞。那个商人的产业可能是几辈人积攒下来的，我要是以他开出的价格来买，当然很占便宜，但人家可能就一辈子翻不了身了。我这不是单纯的投资，而是救了一家人，既交了朋友，又对得起良心。谁都有雨天没伞的时候，能帮人遮点雨就遮点吧。"

大家听了之后，都沉默了起来。后来，商人赎回了自己的产业，也成了胡雪岩最忠实的合作伙伴。在那之后，越来越多的人知道了胡雪岩的义举，对他佩服不已。胡雪岩的生意也好得出奇，无论经营哪个行业，总有人帮忙，有许多的客户来捧场。

胡雪岩为人善良，一生帮助了很多人，虽然他以助人为乐，不求他人的回报，但是他得到的是他人的信任，这是一笔宝贵的精神财富。在创富的过程当中，不要斤斤计较，能够帮助别人的时候还是要适时地伸出援手。这样做，即使你收不到物质财富的回报，也会得到精神财富。

在创业的过程当中，有些人看到竞争对手赚钱就眼红，千方百计地想打垮对手，为此不惜采取不正当竞争手段：虚假宣传、利用虚假标志、滥用优势地位、商业贿赂、侵犯商业秘密、滥用行政权力、亏本销售、商业毁谤，等等。这些做法导致的结果多数是两败俱伤。

在创富的路上要有积极的心态，那些私下的小动作只能是害人害己，反而是帮助他人创富的人更容易成功。帮助他人创富就要善于分享自己的资源，善于与人合作，满足双方的需求，共同创富。如果只考虑自己的利益，自私自利，就不会得到合作方的信任，就会失去很多赚钱的机会。

一个学生问智者：什么是地狱？什么是天堂？智者回答：地狱就好像一群人围坐在一口锅周围，都想用长长的筷子把肉夹到自己嘴里，结果谁也无法办到，最后大家都骨瘦如柴，相互诅咒谩骂。那么天堂呢？天堂也是同样的锅与筷子，不同的是大家夹起肉彼此喂食，所有人都可以吃饱，最后大家都满面红光，谈笑风生。随时随地愿意为别人付出，任何地方都会是幸福的天堂。

创富的道路上会遇到各种各样的人。那些自私自利的人，看到别人赚钱就妒忌，任何财富都想占有，而从来不想帮助他人，那么他遇到困难的时候也没有人愿意去帮助他。他就像是生活在地狱当中，拼命的自顾，结果一无所得。那些愿意帮助他人创富的人就像是生活在天堂，对他人总是愿意多付出，碰到困难的时候也会得到他人的帮助，总是有人把"食物"送到他嘴里。

生活就像一面镜子，你怎样对待镜子里的人，镜子里的人就会怎样对待你；帮助别人创富，别人也会帮助你。快乐地付出不仅是一种美德，更是一种幸福，也是另外一种形式的收获。

在帮助他人创富的同时我们不但能够收获财富，还能收获心灵的满足与幸福。帮助他人创富就好像在黑暗中点亮了蜡烛，不但照亮了他人，也照亮了自己。如果你此时已取得创富的成功，而却没有帮助过他人创富，那是走在你前面的人已经为你付出，做过一些对你有帮助的事情。如果你此时正帮助别人，但你又见不到任何结果，不必担心，总会在日后享受到善意的付出带来的帮助。帮助他人是厚积薄发，前期的积累能够更好地帮助他人，同时也能使自己更快地触摸成功。

第二章
创富从付出开始

贪婪是财富的杀手

贪婪是人性的重要特点之一，尤其是在面对财富的时候，贪婪的沟壑永远无法填平。人心不足蛇吞象，贪婪也是人类的大敌之一，它常常使人们做出一些不理智的事情。很多人，无论是达官贵人，还是平头百姓，往往会被财富冲昏头脑，在财富面前贪得无厌，欲罢不能，以至于使自己身陷囹圄。可见，贪婪者不但得不到更多的财富，反而因为贪婪失去了原来的所得，这样的例子比比皆是。那些高官因为贪得无厌而落马，百姓因为贪图钱财而身陷囹圄的就是例子。这正如克劳德兰纳斯所说：“贪婪者总是一贫如洗。”

《左传·襄公十五年》当中讲道：春秋时期，宋国有一个人上山采石时，发现一块宝玉，他担心宝玉会被人抢走，拿出去卖又怕商人会少给他钱。想来想去，他决定把这块宝玉送给京城里的大官。

于是，他带着宝玉，来到京城掌管工程的大官子罕府中，把这块宝玉献上。子罕见到宝玉觉得很奇怪，便问道：“我和你素不相识，你为什么要献宝玉给我？我可从来不收别人任何礼物的。”那人以为子罕怀疑这是一块假玉，就答道：“这块玉我请玉匠看过，确实是一块真玉，价值连城，所以我才送给你的。”子罕说：“我把不贪的品格当作珍宝，你把这块玉石当作珍宝，如果你把玉给了我，我们俩人都丧失了珍宝，不如你我还是各自保存自己的珍宝吧！”那人跪下恳求道：“我们小百姓，拿着这样珍贵的东西，是不敢出门的，我把它献给你，是为了免于祸患。"子罕听后就让那人把宝玉暂时留下。后来他请玉匠把那块宝玉雕琢加工好，然后把玉卖掉，把所得的钱全部让人送到了那人家里。

我们应该学习子罕把不贪视为珍宝的高贵品格。因为贪婪不仅是财富的杀手，有时候还会让人失去生命。正所谓：君子爱财，取之有道。如果不择手段地索取财富，贪得无厌，只会让自己一无所有。贪婪是魔鬼，它一点点吞噬着人们善良的心灵，等人们醒悟时，为时已晚；贪婪是痛苦，贪婪的人从未停止过遭受良心的谴责，他们每日诚惶诚恐，度日如年，忍受的痛苦是常人无法理解的；贪婪是铁锁，它把人们锁在家里，人们终日不敢出门，生怕别人抢走自己数不胜数的财宝……

贪心除了导致财力上的亏损外，也危害个人身心健康与家庭生活。贪财是"万恶之根"，带来妒忌、愁苦、争执。贪心消灭内心的满足、平安和喜乐，而这些都比财富更宝贵，也不是金钱能买得到的。无论是古代传说，还是寓言故事，那些贪得无厌者，都没有好结果。

三国时期，蜀国境内"刑政虽峻而无怨者"，这主要是得益于，蜀国名相诸葛亮以身作则，严于律己。诸葛亮一生"抚百姓，示仪轨，约官职，从权制，开诚心，布公道"。

刘备三顾茅庐，诸葛亮被他打动，之后跟随刘备征战南北，屡建奇功。刘备死后，诸葛亮"受任于败军之际，奉命于危难之间"，蜀国大大小小的国事，他都要亲自处理。他曾5次亲自率领大军，北伐曹魏，与曹魏短兵相接。他严格要求子侄辈，不以自己位高权重而受到特殊对待。他亲派侄儿诸葛乔与诸将子弟一起，在深山险谷当中带兵转运粮草。为此，他专门给其兄诸葛瑾写信说，诸葛乔"本当还成都"，但"今诸将子弟皆得转运""宜同荣辱"。马谡失街亭后，他引咎自责，上疏后主刘禅，"请自贬三等"，并从此更兢兢业业、勤勉有加。"夙兴夜寐，罚二十以上，皆亲揽焉；所啖食不至四升。"长期的废寝忘食使他心力交瘁，积劳成疾，年仅54岁便与世长辞。诸葛亮以他的实际行动证明了自己"鞠躬尽瘁，死而后已"的诺言。

诸葛亮生前，在给后主的一份奏章中对自己的财产、收入进行了报告："成都有桑800株，薄田15顷，子弟衣食，自有余饶。至于臣在外任，无别调度，随身衣食，悉仰于官，不别治生，以长尺寸。若死之日，不使内有余帛，外有盈财，以负陛下。"诸葛亮去世后，其家中情形确如奏章所言，可谓内无余帛，外无盈财。

诸葛亮病危时，留下遗嘱，要求把他的遗体安葬在汉中定军山，丧葬力求节俭简朴，依山造坟，墓穴切不可求大，只要能容纳下一口棺木即可。入殓时，只着平时便服，不放任何陪葬品。

足智多谋的诸葛亮如果贪婪的话，恐怕他会富甲天下吧！但是聪明如他却从不贪财，去世后也没有给子孙留下大量的钱财。然而现在很多人在面对选择的时候，总是把财富放在第一位，总是想得到更多的财富，却因为自己对财富的贪婪一再使自己陷入困顿。其实，世间很多的麻烦、烦恼都是我们自找的。贪婪不但不能增加财富，还会给自己造成困顿，对那些赌徒来说更是如此。俗话说："十赌九输。"今天赌赢的人想着明天再赢更多的钱；今天赌输的人，想着明天再翻本。结果输了翻，翻了赌，周而复始，恶性循环，越赌越输，越输越贪，一发而不可收，最终落得家破人亡。

每个人都想拥有财富，这无可厚非，但是世上有很多美好的东西，如果我们总是希望尽可能多地占有，会被自己的贪欲腐蚀了心灵。其实，人生拥有生命和快乐已经足够，我们又何必贪求太多呢？贪婪的最终结果是

27

一无所有。贪婪会让人迷失本性，走向罪恶的深渊，我们应时刻警醒。

贪婪不但是财富的杀手，而且是许多灾祸的根源。贪婪者就像是追逐蜂蜜的苍蝇。在他们趴在"蜂蜜"上享受美味的时候，他们没有想到自己的脚已被"蜂蜜"粘住了，再也飞不起来了。他们非常后悔，"嗡嗡"地乱叫，"我们真不幸，因贪图一时的享受而丧了命"。所以，在创富的过程中切勿贪婪。

懂付出，是你要迈出的第一步

人在少年时期，或许会感觉得到要比付出好得多。通过父母我们可以得到生活的所需；通过老师我们可以得到知识；通过同学我们可以得到关爱……这一切都是那么自然。随着年龄的增长，当我们步入社会，当我们遭受到挫折，才能体会到原来付出要比得到好，因为对于得到者来说，付出的人是富有的。否则，他拿什么付出呢？

无论是在生活中，还是在工作中，我们都要学会付出，付出是迈向成功的第一步。付出了不一定马上就能收获，但是没有付出绝对不会有收获。有时候，你只是举手之劳的付出，或许会给你带来很大的惊喜。

祖冲之是中国南北朝时期，南朝数学家、天文学家、物理学家，范阳遒（今河北涞水）人。

祖冲之的祖父名叫祖昌，在宋朝做管理朝廷建筑的长官。祖冲之生长在这样的家庭里，从小就读了不少书，人家都称赞他是个博学的青年。他特别爱好研究数学，也喜欢研究天文历法，经常观测太阳和星球运行的情况，并且做了详细记录。

宋孝武帝知道祖冲之这个人后，给了他一个专门研究学术的官职。虽然他对做官并没有兴趣，但是在那里，可以更加专心研究数学、天文了。

在祖冲之之前，我国就有研究天文的官，并且根据研究结果制定了历法。到了宋朝的时候，历法已经有很大进步，但是祖冲之认为还不够精确。他根据长期观察的结果，创制出一部新的历法，叫作"大明历"（"大明"是宋孝武帝的年号）。这种历法测定的每一回归年（也就是两年冬至点之间的时间）的天数，跟现代科学测定的只相差五十秒；测定月亮环行一周的天数，跟现代科学测定的相差不到一秒，可见它的精确程度了。

公元462年，祖冲之请求宋孝武帝颁布新历，孝武帝召集大臣商议。那时候，有一个皇帝宠幸的大臣戴法兴出来反对，认为祖冲之擅自改变古历，是离经叛道的行为。祖冲之当场用他研究的数据回驳了戴法兴。戴法兴依仗皇帝宠幸他，蛮横地说："历法是古人制定的，后代的人不应该改动。"祖冲之一点也不害怕。他严肃地说："你如果有事实根据，就只管拿出来辩论。不要拿空话吓唬人。"宋孝武帝想帮助戴法兴，找了一些懂得历法的人跟祖冲之辩论，这些人一个个被祖冲之驳倒了。但是宋孝武帝还是不肯颁布新历。直到祖冲之死了十年之后，他创制的大明历才得以推行。

尽管当时社会战乱不断，但是祖冲之还是孜孜不倦地研究科学。他更大的成就是在数学方面。他曾经对古代数学著作《九章算术》作了注释，又编写了一本《缀术》。他的最杰出贡献当数求得相当精确的圆周率。经过长期的艰苦研究，他计算出圆周率在3.1415926和3.1415927之间，成为世界上最早把圆周率数值推算到七位数字以上的科学家。

祖冲之在科学发明上的成就更多了，他造过一种指南车，随便车子怎样转弯，车上的铜人总是指着南方；他还造过"千里船"，在新亭江（在今南京市西南）上试航过，一天可以航行一百多里；他利用水力转动石磨，舂米碾谷子，即"水碓磨"。

纵观历史上有大成者，没有人不是经过辛苦付出的。所以，想要创富成功，在创富的过程中，付出是你要迈出的第一步。

生活总是这样，有人在抱怨生活给他开了一个大大的玩笑的时候，也有人会收到生活赐予的大大惊喜。其实，仔细想想，无论是玩笑，还是惊喜，都不是随意而来、突然到访的，它们都和你之前的付出有关。你付出什么，就会得到什么。这正如美国人际关系学大师戴尔·卡耐基所说："生命是个回力板（注：一种澳洲土人打猎用的弯曲坚木，掷出后仍能返回原处），你付出什么，便收回什么。"

《三国志·吴志·吕蒙传》注引《江表传》中讲道：三国时期，东吴有一员大将名叫吕蒙字子明。他年轻时，家境贫困，无法读书。从军后，虽作战骁勇，常立战功，却苦于缺少文化，不能把作战经验写下来。

有一天，孙权对吕蒙说："你现在是一员大将，掌权管事，更应该好好地读一些书，增加自己的才干。"

吕蒙一听主公要他学习，便为难地推托说："军队里的事情又多又杂，都要我亲自过问，恐怕挤不出时间来读书啊！"

孙权说："你的事情总没有我多吧？我并不是要你去研究学问，而只是要你翻阅一些古书，从中得到启发罢了。"

吕蒙问："可我不知道应该去读哪些书。"

孙权听了，微笑着说："你可以先读些《孙子》《六韬》等兵法书，再读些《左传》《史记》等历史书，这些书对于以后带兵打仗很有好处。"

停了停，孙权又说："时间嘛，要自己去挤出来。从前汉光武帝在行军作战的紧张关头，手里还总是拿着一本书不肯放下来呢！你们年轻人更应该勉励自己多读点书。"

吕蒙听了孙权的话，回去便开始读书学习，并坚持不懈。

不懂得付出的人是没有收获的。学习不在早晚，只要你肯付出，就像吕蒙那样，即使少年时代错过了读书的机会，只要发奋读书，一定会学有所获的。所以，我们一定要相信有付出就会有收获，人生首先要学会的是付出。或许有人会说付出与收获不一定成正比。因为有些人付出了聪明才智与努力，往往还不如那些善于投机取巧、阿谀奉承、弄虚作假者收获得多。一些埋头苦干、默默付出的人，无论是在财富、地位或声誉方面，都不如那些喜欢溜须拍马、专门讨好上司的人收获得多。其实，无论是那些善于投机取巧、阿谀奉承、弄虚作假者，还是那些喜欢溜须拍马、专门讨好上司者，他们付出的更多，他们付出的是人格、尊严，这些在我们常人看来比财富和名誉珍贵的东西。他们的这种付出以出卖人格、尊严为前提，是不可取的。

现代文学家巴金的名言：生命在于付出，在于给予，而不是在于接受，也不是在于争取。这句话对我们每个人来说，都很受用。

皇甫谧，字士安，是安定朝那（今甘肃省平凉市灵台县）人，汉代太尉皇甫嵩的曾孙。皇甫谧被过继给他叔父为子，随叔父迁居新安。

皇甫谧虽然著有《礼乐》《圣真》等名著，但是他在20岁之前还不懂得好好学习，终日无限度地游荡，有的人认为他是傻子。皇甫谧

31

得到一些瓜果，总是进呈给他的叔母任氏。任氏说："《孝经》说'即使每天用牛、羊、猪三牲来奉养父母，仍然是不孝之人。'你今年20岁，眼中没有教育，心思不入正道，没有什么可以拿来安慰我的。"并叹息道："从前，孟母三迁，使孟子成为仁德的大儒；曾父杀猪使信守诺言的教育常存，难道是我没有选择好邻居、教育方法有所缺欠吗？不然，你怎么会如此鲁莽愚蠢呢！修身立德，专心学习，受益的是你自己，跟我有什么关系呢！"叔母面对皇甫谧流泪。皇甫谧深受感动，于是到同乡席坦处学习，勤读不倦，博览通晓各种典籍和诸子百家的著作。皇甫谧性格恬静，把写书作为自己的事业，后来得了重病，仍然手不释卷。

一个人只要认识到了付出的重要性，无论起步有多晚，就像皇甫谧，虽然少年时候不知道学习，后来知道了学习的重要性，勤读不倦，终于获得了成功。

有时候付出并不一定是坏事，索取也并不一定是好事。无论在工作中，还是在生活中，付出是我们要迈出的第一步，一心想要索取而不肯付出的人是不会有什么好结果的。如果一个人没有强烈要成功的欲望，那么他是不会懂得付出的重要性的。一个人只有有了强烈的成功欲望之后，才会无怨无悔地付出。

最好的创富机会隐藏在付出中

付出越多，机会越多。机会往往藏在付出中，创富的机会也是如此。

如果你能够坚持每天多付出一点点，你就会比别人多得到很多机会。是什么决定了创富的成与败呢？就是那每天多一点点的付出。

在职场当中，有些人有远大的目标，但是缺少付出的耐心，总是不愿意多付出一点点。当然这多一点点的付出，有时候也不是那么容易的。还要经过非凡的努力，要靠智慧和勤奋才能做得到。那些愿意踏实付出的人，也许在一些人看来是"傻子"，是在成功的路上浪费时间。但是能够创富成功的人，往往就是这些"傻子"。那些偷奸耍滑的人，也许会获得一时的一些小财富，但不会永远那么幸运，也不会获得最后的成功。

有时候，多付出一点，命运却会因此而改变，因为机会往往隐藏在付出当中。

马援生于公元前 14 年，卒于公元 49 年，是汉代一位有名的将领。他幼年父母双亡，由其兄马况抚养成人。他从小胸怀大志，眼光高远，深为其兄器重。王莽时期，马援在军队里当个小军官。一次上司派他率队押送一些犯人，在途中，马援看到犯人们哭得挺伤心，不由动了恻隐之心，便把犯人们都放了。私放犯人是大罪，马援只得逃亡到北方的边境上，躲避朝廷的追捕。

过了没多久，朝廷大赦天下，马援也得以免罪。之后，他就在那里经营畜牧业和农业。他心胸宽广，乐于助人，为人忠厚而有远见，没几年工夫，来归附他的人竟有好几百。他常对身边的人说，做人不能因为贫穷潦倒而丧失志气，不能因为年纪老迈而颓唐，"丈夫为志，穷当益坚，老当益壮。"

几年的时间，马援有了几千头牛、羊和马匹，几万斛粮食，家产多得花不完、用不尽，但他不为物累，仍旧和从前一样，过着简朴的生活。他曾感慨地对人说："财产之所以可贵，在于能够帮助人；否则，做个守财奴有什么意思呢？"后来，怀着高远志向的马援果然把财产分给了他的本家和亲友，自己空身外出投军谋事，后归附了汉光武帝刘秀，为国家立了很多功劳。

时刻想着他人，愿意为他人付出的人是值得我们敬佩的，像马援那样善于创富又不爱财的人十分难得。现在一些人在工作当中多做一点就抱怨重重，更别说从工作中发现创富的机会了。有时候工作上多付出一点，肯为他人多努力一点，你得到的也不会少。只要我们不怕工作辛苦，不抱怨，满怀信心就一定能够在工作中发现创富的机会。

乐于付出并坚持不懈的人可以在创富的道路上步步高升，斤斤计较的人只能在职场上摸索前进。多付出一点的人其实是在为自己创富创造机会，少付出一点的人永远走在发现创富机会的路上。

西汉时，中郎将苏武出使匈奴，被单于封为丁灵王的卫律前来诱降。卫律说："苏先生，我从前背叛汉朝归降匈奴，受到单于大恩，封我为丁灵王，拥有数万奴隶，马匹等牲畜漫山遍野。你今天投降了，明天也和我一样富贵，若白白地流血牺牲，又有谁知道你呢！"苏武怒斥道："卫律，你身为汉民，不顾恩义，叛国投敌，你虽然能得逞于一时，最终却逃脱不了天地良心的审判。"

卫律没有征服苏武，只得报告给单于。单于见苏武很有气节，十分钦佩，更想招降他。于是把苏武囚禁在一个大地窖里，不给他食物，苏武只得嚼雪止渴，用毡毛充饥。后来单于又将苏武移到北海荒无人烟的地方，逼迫他牧羊。北海在今贝加尔湖一带。苏武到了北海，匈奴停止了对他的食物供应，他只得觅野鼠、掘草根充饥。在这荒漠上，除了丛生的野草，就是漫天的风雪，终年见不到人影。苏武抱着代表汉廷的旌节牧羊，无论坐卧行走都拿着。岁月一天天流逝，节杆上缀的三重旄牛尾都落尽了。

过了 19 年，苏武历尽艰辛，终于回到自己的祖国。他出使时还是壮年，及至归国，头发胡须全白了。岁月改变了他的容颜，却改变不了他忠于祖国的赤子之心。

坚持不懈，直到成功。苏武誓死不屈，终于熬过了 19 年，重回祖国的怀抱。其实无论做什么事情，我们都要有这种坚持不懈的精神，只要你肯坚持去做，方向是对的，那么最后一定能够成功。

每个人身边都会有很多创富机会，只是有些人不懂得坚持做自己的事情罢了，因为害怕或者是不敢相信而拒绝付出行动，结果就让机会白白溜走了。因此，我们要从现在起，时刻关注身边的创富机会，多付出一点点为自己去创造机会。

创富机会面前人人平等，只要你愿意去探索，愿意去实践，愿意去付出行动，你得到的就会比付出的多。或许有人会说，创富的机遇不是人人都有的，如果还没有机遇怎样办？这个时候你要更加勤奋，不懈努力，不断提高自己。只要你踏实付出，剩下的就是等待机会来临或者是创造机会。机会总是给有准备的人，天道酬勤，你付出就一定会有回报。一分耕耘，一分收获，创富机会就存在付出中。

省出来的是钱，创富是从付出开始的

看是平常的事情，或许就存在创富的机会。只是有的人已经习惯了安然地享受着生活原本的样子，发现不了罢了。

就算是从事同样的工作，同样怀揣梦想，那些只靠节省度日，而不肯在工作中多付出一些的人也总是错过创富机会。

唐伯虎是明朝的著名画家。他从小天资聪颖，过目不忘。他6岁时开始上学，虽然攻读的是经书，但更喜欢文学和绘画，8岁时，他不但能出口吟诗、提笔成文，而且绘画也是得心应手，尤其善画人物像。唐伯虎兴趣广泛，学习成绩总是名列前茅，因此，老师对他的其他爱好从不过多干预。

唐伯虎9岁那年，老师认为他才华出众，让他去参加乡里的童试。由于他对功名不感兴趣，便婉言谢绝了老师的好意，而去拜当时的著名画家周臣为师，专学绘画。两年后，唐伯虎无论是画山水，还是画人物，都达到了炉火纯青的地步。特别是画人，连老师也自叹不如。

很多人慕名而来讨画，他有求必应，从不收取报酬，只是当作一次练习的机会。可时间一久，他就感到画人物得心应手，画山水却有些蹩脚。后来，他听说沈周以绘画著称，特别善画山水花卉，便请示母亲想再次拜师。母亲见儿子如此虚心好学，十分高兴，同意了他的请求。

沈周见唐伯虎长得眉清目秀，又看了他的一些作品，感到他在绘画方面功底深厚，便高兴地收下了这个弟子。

沈周的画精妙传神，唐伯虎能拜在这样一位大画家门下，学习自然刻苦勤奋。不到一年时间，他的绘画便上了一个台阶，并深受老师的称赞。

然而，面对老师的称赞，唐伯虎产生了自满心理，他感到自己的画已经和老师不相上下，便想尽快结业回家。

对于唐伯虎的思想变化，沈周看得十分清楚，他不愿让这位才华横溢的孩子半途而废，决心对他进行一次实际的教育。在唐伯虎提出回家的第二天，沈周特意让妻子做了几道菜，端进一间小屋，把唐伯虎叫来，一同饮酒。

师生二人坐下，唐伯虎为老师斟酒，并多次转弯抹角地提到因母亲年老体弱，无人照顾，希望老师同意他回家，沈周听了，只是笑而不答，并不时将话题岔开。

唐伯虎忍不住了，便问："老师，弟子提出回家侍奉母亲的事，您同意吗？"

沈周微微一笑，说："难得你小小年纪就有如此孝心，老师岂有不允之理？况且，你天资聪慧，学画一年，就能画出那么好的画来，也可以出师了。"

沈周笑了笑，又接着说："为师今日高兴，酒喝得多了点，感到身上有些发热，你去把窗子打开透透风，好吗？"

唐伯虎闻言，立刻起身去开窗子，可他怎么也推不开那扇窗。这时，他猛然醒悟，原来那扇窗子是老师的一幅画，画得惟妙惟肖，自己竟没识别出来。唐伯虎转过身，面红耳赤地跪在地上，说："老师，请您原谅弟子无知，我要留下来继续学习。"

沈周连忙将他扶起，亲切地说："孩子，你的画确实有了一些进步。但你要知道，学无止境，人外有人，天外有天啊！"

从此，唐伯虎潜心学画，再也不提回家的事了。

即使聪明如唐伯虎，要想获得成功，也需要一番艰辛的付出。付出有时候看起来是痛苦的，但是短期的痛苦终会得到长期的回报。如果当时唐伯虎没有辛勤地苦学也不会有佳作传世。

有的人在得到了一份稳定工作之后，不肯多付出，认为自己的工资积攒起来就够生活花费了，就可以过上富足的生活了。其实省下来的那点钱离富足还远远不够，要想创富就必须像唐伯虎那样不满足于眼前的成就，不满足于眼前的小钱，要有长远的眼光，要不怕困难地去创业。

财富喜欢懂付出的人，若不付出或许将永远贫穷

有人说付出了不一定有收获。付出和收获虽然不能和速度与路程那样成明显的正比例关系，但也绝对不是反比例关系。付出和收获是一种因果关系，是实实在在的，懂得付出就一定有收获。财富喜欢懂付出的人，若不付出或许将永远贫困，这一点儿都不骇人听闻。

苏秦，字季子，是战国时期洛阳人，著名的纵横家，是"合纵"派的代表人物。

但在他成名之前，没有人看得起他，甚至连他的父母、妻子都轻视他。

有一次，苏秦父亲过生日。他哥哥端了一大杯酒去祝寿，父亲高兴地赞叹道："真是美酒，好香啊！"等到苏秦端了酒去祝寿，他父亲骂道："酒太坏，酸的！"苏秦只好从哥哥处借了一大杯酒去祝寿，他父亲仍然骂道："酸酒！"苏秦不服地申辩："这是从大哥处借来的酒啊！"父亲却说道："你这倒霉的人，好东西经过你的手就坏了！"

苏秦学习纵横术后，游历秦国而不被重用，等到他回到家时，钱用光了，衣服也穿破了，一副穷困潦倒的样子。他的妻子见到他居然不停织，嫂子也不愿为他准备饭食，父母也不和他说话。

苏秦深受刺激，于是"锥刺股"来苦读、精研纵横术，后来游说六国，合纵成功，身挂六国相印，终于功成名就。

功成名就后，苏秦北投赵王，路过洛阳，回家乡一趟。这次，他的兄、妻、嫂对他皆侧目而不敢正视，嫂子俯伏侍奉饮食。

苏秦见状，笑着对他嫂子说："为何前倨而后恭呢？"他嫂子又怕又羞，跪在地上以头叩地说："见叔叔位高多金。"

苏秦听了，不禁感叹地说："贫贱则父母不子，富贵则亲戚畏惧，人生世上，势位富贵，盖可忽乎哉！"

一个懂付出的人，终究是会获得成功的。苏秦正是因为懂得只有付出，才能改变自己的遭遇，所以他勤奋苦学，终于改变了贫困的境况，也得到了他人的尊重。

有的人因为不懂付出而贫穷一生。如果一个人勇于付出，不怕风险，不怕困难，总会有成功的那一天。那些创业成功的人士，无不是懂得付出的人，不劳而获只是偶然现象。在创富过程中只有付出了艰辛的努力，才能收到不一样的结果，富人也是经历了致富的艰辛。

晋代的祖逖是个胸怀坦荡、具有远大抱负的人。可他小时候却是个不爱读书的淘气孩子。进入青年时代，他意识到自己知识贫乏，深感不读书无以报效国家，于是就发奋读起书来。他广泛阅读书籍，认真学习历史，从中汲取了丰富的知识，学问大有长进。他曾几次进出京都洛阳，接触过他的人都说，祖逖是个能辅佐帝王治理国家的人才。祖逖24岁的时候，曾有人推荐他去做官，他没有答应，仍然坚持不懈地努力读书。

后来，祖逖和幼时的好友刘琨一起担任司州主簿。他与刘琨感情深厚，不仅常常同床而卧，同被而眠，而且还有着共同的远大理想：

建功立业，复兴晋国，成为国家的栋梁之材。

一天半夜，祖逖在睡梦中听到公鸡的鸣叫声，他一脚把刘琨踢醒，对他说："别人都认为半夜听见鸡叫不吉利，我偏不这样想，咱们干脆以后听见鸡叫就起床练剑如何？"刘琨欣然同意。于是他们每天听到鸡叫后就起床练剑，剑光飞舞，剑声铿锵。春去冬来，寒来暑往，从不间断。功夫不负有心人，经过长期的刻苦学习和训练，他们终于成为能文能武的全才，既能写得一手好文章，又能带兵打胜仗。祖逖被封为镇西将军，实现了他报效国家的愿望；刘琨做了征北中郎将，兼管并、冀、幽三州的军事，也充分发挥了他的文才武略。

这个故事的道理很明显，无论我们想得到什么，都要辛勤地付出，只有付出才能收获。无论是从事什么职业，都要辛勤付出，财富不会从天而降。要懂得付出就要学会勇敢承担，敢于承担是成功的开始。

付出可以分为两种：一种是有目的付出，是为了事业的成功，是为求利；另一种是无目的付出，是一种不求名和利的付出，而这种付出更能得到他人的尊重、支持，会获得很多无形的财富。职场当中讲的是人人为我，我为人人，只要你肯认真付出，全力地去帮助他人，也会得到他人的帮助。有时候，甚至会有意想不到的收获。但在职场中不能盲目付出，要讲究一定的方式方法。

第一，要用对方法。有的人为了帮助新入职的人，什么事情都大包大揽，把所有的活儿都帮新人干了。这样做对新入职的人来说并不是好事，这会使新人失去锻炼的机会，长期下去还会使新人产生依赖心理，工作失去积极性。

第二，付出要有实际的行动。如果你想获得财富，你先要懂得如何去付出。付出之前掌握必要的知识和理论是必需的，但是只有准备，没有行动是不够的。只要目标定了，就要抓紧付诸行动，做出表率。

第三，付出重在用感情。无论是在职场中，还是在生活中，付出要用感情，而不要看重利益。不要有利可图才肯去付出，没有利益就不肯付出，这样不会得到他人的真心。对待下属也是如此，不用真情去付出，下属也不会真心地感谢你。在帮助他人的时候不但可以让他人成长、快乐，而且也能让自己得到别人的支持、尊重、感激。而积累了这些，你在创富的时候就会得到他人真心的相助，获得财富就会轻而易举。

第三章

感恩之心，让创富
更有力量

感恩能够吸引财富

感恩不仅是一种处世哲学，也是人生的大智慧。一个人的成就，不能以拥有金钱的多寡来衡量，而要看他一生中感恩过多少人和有多少人感恩于他。就像有人说的一样：其实生意的账本和人生的账本，有时候记录的是同一笔账，懂得多少感恩就会拥有多少财富。

一个有智慧的人不应该为自己的财富不够多而闷闷不乐，更不应该一味索取或使自己的私欲无限膨胀。学会感恩，感谢生命中的所有，感谢生活给你的馈赠，才能有积极的人生观，保持健康的心态。懂得感恩的人能够吸引更多的财富，古今中外不乏这种例子。生活中很多人做事情足够努力，但是他们缺少感恩的心，所以生活总是贫困不堪。其实，上天给过他们无数次的机会，他们总是错过赚取财富的机会。拥有感恩之心的人与那些从不知感恩的人相比，应该离财富更近一些吧。

佛家讲福报，其实每个人的福报来自他的内心，也就是来自感恩的心。一个人懂得感恩，他的福报就会增加，如果忘恩负义，他的福报也会随之减少。

清朝人李应麟，家住云南昆明，从小就善良。他在母亲去世后，便劝父亲再娶。他用卖萝卜的收入来供养父亲和继母。李应麟对待继母虽然十分孝顺，但是继母却将他视为眼中钉，百般刁难，常常对他施以棍棒。每当这时李应麟总是跪着，恭敬如初，丝毫没有抗拒之意。他的父亲却轻信继母谗言，将他逐出了家门。李应麟仍无怨言，每年父母生日，都准备好礼品回家祝贺。后来李应麟听说继母病了，急忙回家护理，并跑到三十里外的地方求医抓药，不管雨天晴天天天如此，直到继母病愈。同时李应麟对待继母所生的孩子格外亲和，终使继母悔恨不已，后来母子关系改善，胜过亲生。后人赞曰："不忧继母逐离乡，母病回家侍药汤；将弟视同亲手足，母终悔恨变慈祥。"

别人对自己有恩，一定要念念不忘，不能忘恩负义，背道而驰。故事中的李应麟对待继母心怀感恩，终于感动了继母。佛家讲心存敬畏心、报恩心、喜舍心，是道。心在道上，无愧于天地，无愧于他人，这样努力才会得到福报，才会获得财富。

一位贫困的农民正在地里专心劳作。忽然，他听到不远处的河里传来呼救的声音。原来，一名少年不幸落水了。

农民顺着声音跑去，奋不顾身地跳入水中救人。孩子得救了。

原来，这个获救的孩子是一个贵族家的公子。

几天后，老贵族带着礼物登门感谢，农民却拒绝了这份厚礼。

在他看来，当时救人只是出于自己的良心，自己并不能因为对方出身高贵就贪恋别人的财物。

故事到这儿并没有结束。

老贵族因为敬佩农民的善良与高尚，感念他的恩德，于是决定资助农民的儿子到伦敦接受高等教育。

农民接受了这份馈赠，能让自己的孩子受到良好的教育是他多年来的梦想。

农民很快乐，因为他的儿子终于有了改变自己命运的机会；老贵族也很快乐，因为他终于可以帮上自己的恩人了。

多年后，农民的儿子从伦敦圣玛丽医学院毕业了，他品学兼优，后来被英国皇家授勋封爵，并获得了 1945 年的诺贝尔医学奖。

他就是亚历山大·弗莱明——青霉素的发明者。

那名贵族公子也长大了，在第二次世界大战期间患上了严重的肺炎，但幸运的是，依靠青霉素，他很快就痊愈了。

这名贵族公子就是做过英国首相的丘吉尔。

故事中的人无论身份高低都心存感恩，在对方需要帮助的时候都能伸出援助之手，这种善行无疑得到了善报。人一生中没有谁不会遭受坎坷、挫折，有时候我们帮助别人或感恩别人，正是在帮助自己。如今是市场经济时代，人们往往以获得财富的多少来衡量一件事情是否值得去做，然而感恩之心带给你的财富有时候是不能一眼看透的，就像故事中的老贵族，虽然他资助农民的儿子接受高等教育会有一笔不小的支出，但是正是他这感恩之心吸引了更多的"财富"——又一次救了儿子的命。

或许故事总归是故事，我们总是感觉离自己的实际生活太远，真实性有待考查。如果是典籍记载的事情，我们就会觉得可信很多。"一饭千金"的故事在《史记·淮阴侯列传》中就有记载。

汉高祖刘邦身边有一员大将军名叫韩信。他出身贫寒，从小失去了父母，每天靠讨饭过日子。

但是讨饭也不能糊口，于是他每天到河边去钓鱼，用鱼来充饥。有一天，韩信碰到一个老婆婆。老婆婆见他饿得骨瘦如柴，面无血色，便把自己的饭分一些给他吃。一连几天，这位老婆婆都给韩信饭吃，韩信十分感激，便对老婆婆说："您这样照顾我，将来我一定要好好报答您。"老婆婆说："我不要你报答。只希望你努力自立！"韩信满脸羞愧。从此，他认真读兵书，练习武艺，决心做个有用的人。

后来，韩信投奔到汉王刘邦门下，受到重用，拜为大将，并被授以调兵遣将、行军布阵的大权。韩信认真训练兵马,率领汉军东征西讨,终于打败了最强大的对手项羽,协助刘邦建立了汉朝。

韩信被封为楚王,回到了故乡,派人去找给他饭吃的老婆婆。韩信见了老婆婆,向她再三道谢,并送给她一千两黄金。

正是韩信知恩图报,念念不忘老婆婆的帮助,才认真读书,苦练武功,并最终得到刘邦的重用,从一个落魄之人变成一个可以为一饭而付出千金的人。由此,我们可以看出懂得感恩的人总是能够发挥正能量,吸引一些财富,让自己的人生发生翻天覆地的变化。

感恩之心提升财富的高度

感恩之心提升财富的高度,从古至今在商人身上表现得淋漓尽致。古代的晋商,出钱招聘掌柜为自己打理店铺。年末分红,为了感恩掌柜的辛苦经营,东家会拿出六七成的利润分给掌柜。大盛魁商号就是因为懂得感恩,肯分红利给员工而延续了300年。

据《晋商兴衰史》记载,大盛魁商号是清代山西人开办的对蒙贸易的最大商号,鼎盛时期有员工六七千人,商队骆驼近两万头,资本十分雄厚,号称资产可用50两重的银元宝,铺一条从库伦到北京的道路。

然而大盛魁的创始人并不是什么富商大户,而是三个小贩。原来康熙年间,清政府在平定准噶尔部噶尔丹的叛乱中,由于军队深入漠北,"其地不毛,间或无水,至瀚海等地方,运粮尤苦",遂准商人随军贸易。在随军贸易的商人中，有三个肩挑小贩，即山西太谷县的王相卿和祁县的史大学、张杰。他们三人虽然资本少，业务不大，但买卖公道，服务周到，生意十分兴隆。清兵击溃噶尔丹军后，主力部队移驻大青山，部队供应由山西右玉杀虎口往过运送，他三人便在杀虎口开了个商号，称吉盛堂。康熙末年改名为大盛魁，这就是大盛魁商号的创始经过。

大盛魁商号极盛时，几乎垄断了蒙古牧区市场，蒙古的王公贵族及牧民大多都是它的债务人。该商号三年分红一次，盛时每股分红可达一万余银两。大盛魁商号是股份制，但它的股本很特殊，除了银股、身股外，还专门另设财神股和狗股。据说，财神股是该商号在初创时，营业很不顺利，在过大年的时候，王相卿、史大学、张杰三个人已经揭不开锅，只能喝些米汤过年。就在这个时候，来了一位身穿蒙古袍、背着一个包裹的壮汉，要饭充饥。他三人见是过路人，便热情接待，把自己仅有的米汤让给壮汉喝。这个壮汉喝完米汤后说是出去办点事，便留下包裹走了，再未返回。于是他三人打开包裹一看，原来是一包白银。后多次查访壮汉，亦无下落。他三人商量后，决定暂时挪用壮汉留下的银子作为商号资本，扩大经营。此后，商号生意十分顺利，赚了不少银两。他三人觉得在他们最困难的时候，是财神变化成壮汉给他们送来了资本，便把原来那位壮汉包裹里的银数留过，作为财神股，把此股所分红利记入"万金账"，作为护本。同时，为了纪念他们创业时过大年喝米汤的日子，规定每年正月初一商号要喝一顿米汤。

关于狗股，也有一个故事：据说一次库伦发生灾情，粮价猛涨，库伦分号为了把这一情报报告总号，便让一只狗带信到归化（今呼和浩特），当总号收到狗带来的信后，立即大量购进粮食，囤积居奇，获得了巨额利润。为了纪念这次生意的成功，特别给狗也顶了股份。还有一说是：一次，大盛魁商号某经理在过草原的途中病倒，便让一只狗返回总号报信，结果救了这位经理的性命，所以给狗也顶了股份。

大盛魁商号的老板不仅舍得给员工分红，而且时刻不忘感恩，他们的"财神股"和"狗股"就是为了感恩而设立的。可见懂得感恩，肯把财富分享给大家，不仅不会减少财富，反而会提升财富的高度，这是基业长青的重要原因。

对于企业老板来说，心存感恩，把财富分给员工，当你的员工都拿到了比预期更高的回报，那么他们自然就有更大的动力去工作。这样一来，你的企业便越来越大，企业的财富高度自然就会获得提升。

春秋时期，吴国的大将军伍子胥带领吴国的士兵去攻打郑国。

郑国的国君郑定公说："谁能让伍子胥把士兵带回去，不来攻打我们，我一定重重地奖赏他。"可惜没有一个人想到好办法，到了第四天早上，有个年轻的打渔郎跑来找郑定公说："我有办法让伍子胥不来攻打郑国。"

郑定公一听，马上问打渔郎："你需要多少士兵和车子？"打渔郎摇摇头说："我不用士兵和车子，也不用带食物，我只要用我这根划船的桨，就可以叫好几万的吴国士兵回去吴国。"

是什么样的船桨那么厉害？打渔郎把船桨夹在腋窝下面，跑去吴国的兵营找伍子胥。他一边唱着歌，一边敲打着船桨："芦中人，芦中人；渡过江，谁的恩？宝剑上，七星文；还给你，带在身。你今天，得意了，可记得，渔丈人？"伍子胥看到打渔郎手上的船桨，马上问他："年轻人，你是谁呀？"打渔郎回答说："你没看到我手里拿的船桨吗？我父亲就是靠这根船桨过日子，他还用这根船桨救了你呀。"伍子胥一听："我想起来了！以前我逃难的时候，有一个打渔的先生救过我，我一直想报答他呢！原来你是他的儿子，你怎么会来这里呢？"

打渔郎说："还不是因为你们吴国要来攻打我们郑国，我们这些打渔的人通通被叫去见我们国君。我们的国君郑定公说：'只要谁能请伍将军退兵，不来攻打郑国，我就重赏谁！'希望伍将军看在我死去的父亲曾经救过您的分儿上，不要来攻打郑国，也让我回去能得到一些奖赏。"

伍子胥带着感激的语气说："因为你父亲救了我，我才能活着当上大将军。我怎么会忘记他的恩惠呢？我一定会帮你这个忙的！"伍子胥一说完，马上把吴国的士兵通通带了回去。打渔郎高兴地把这个好消息告诉郑定公。一下子，全郑国的人都把打渔郎当成了大救星，叫他"打渔的大夫"，郑定公还送给他一百里的土地呢！

伍子胥是一个拥有感恩之心的人，正是他的感恩之心避免了一场战争，这不仅仅是让打渔郎得到了土地和名誉，还使老百姓免于战乱之苦。

感恩之心的力量非常强大，在创富过程中要时刻记得感恩。只有感恩的心才能感动他人，才能激发员工更大的积极性，才能让他们为企业创造更大的财富。

懂得感恩的老板才能把企业经营好，才能获得更多的财富。老板在感恩时首先应该想到员工。员工是企业的基础，是生产力三要素中最活跃的一个要素，也是最关键的一个要素。对企业来说，员工是企业人力资源的全部，而人力资源则是企业最重要的资本。因此，好老板必须对员工心存感恩，企业才能不断地创造财富，才能获得更多的经济效益和社会效益。

没有员工就没有企业的成功。如今市场经济时代，在这样的环境中，人才更是极其重要。越来越多的国家和企业相信人才是企业成功的关键，因此很多企业在不遗余力地挖人才。当然，在"捕获"重要人才的同时，也不能忽视基层的员工。

没有基层员工的配合，人才的工作也不能顺利开展。因此，无论从哪个角度来说，员工都应该得到感谢。老板不应该只是给员工定期的薪水，更要为了发挥员工的积极主动性，给员工一些额外收入。比如年底分红、福利奖金、外出旅游、提成红利等。老板只有慷慨无私地拿出实实在在的"银子"给员工，才能发挥员工最大的主动性，为企业创造更多财富。

这一系列的事例都说明，只有老板感恩员工，把财富分给员工，员工才会为其辛苦工作，企业整体效益才能稳步提升，企业财富的高度才会不断提升。

感恩之心使你坚定财富信念

感恩是一种良好品质，它来自我们的内心。我们感恩于他人，感恩于社会，感恩于自然，并想急切地表达出来。我们感恩朋友，在烦恼委屈时可以找他们倾诉，在失落困惑时可以找他们帮助，在孤寂落魄时可以与他们风雨同舟；我们感恩父母给予我们生命，让我们感受到爱的无私和伟大，真情的珍贵和对生命的敬畏；我们感恩爱情，爱人无怨无悔的相随使我们有无穷的力量面对生活和艰难，让我们感受到家庭的温暖和生活的美好！

感恩是一种伟大的智慧，它是生活经验给我们的良好形态。我们感恩工作带给我们的收获和满足。我们感恩工作中的那些对手，是他们激发了我们的潜能，使我们更加积极勤奋、充满工作的热情、拥有最好的工作状态、创造更多的业绩，使我们每天都过得非常充实，离成功更进一步。

感恩是一种至高的境界，它是内心升华的一种精神境界。我们感恩大自然，它赐给了我们丰富的物产、美味的果子、清甜的泉水、适宜的温度、清爽的风、一年四季不同的景色。它让我们看到了高山的雄伟、大海的辽阔……使我们感受到世界的美好、生活的快乐。

人生于天地间，应该感谢天地赐予我们的一切，做人拥有一颗感恩的心最可贵。拥有感恩的心，你会更加热爱生活，更加热爱这个世界；拥有感恩的心，你会明白，只有懂得报恩的人生，才是有价值、有意义的人生。

感恩虽说需要行动，但是仅有行动还不够，它还需要我们付出真心。直白地说，感恩就是感激，发自内心地感激。

当我们怀着一个感恩的心生活，怀着感恩的心看待身边的人，无论是亲人、朋友，还是同事，抑或偶尔碰到的陌生人，你会发现你非常快乐。学会感恩，这世界将会更加美好，生活将会更加充实。真正的幸福属于懂得感恩的人，感恩的人心地光明、宽容、无私。不懂得感恩的人从不知道反思自己，总是斤斤计较于别人对自己做了什么，而不去想自己是怎么对待别人的；不懂感恩的人，看重的是金钱和名利，忽视的是人性的善良、纯真。在工作当中，我们也需要怀着感恩的心，如此才能做出成绩。

猗顿是战国时魏国人，猗顿是其号，他的名字和生卒年已经找不到确切的记载了。只知道他原本是春秋时鲁国的一个贫寒书生，后来成为战国时的大工商业者。

《史记集解》引《孔丛子》中说，猗顿原籍鲁国，是一个穷困潦倒的年轻人，"耕则常饥，桑则常寒"，饥寒交迫，艰难地生活着。正当他为生活一筹莫展的时候，听说越王勾践的谋臣范蠡在助越灭吴辅成霸业后，便弃官经商，将另一富国之策用于家，遂辗转至当时"天下之中"的定陶（今山东定陶），"治产积居，与时逐"，19年间获金巨万，遂成大富，因号陶朱公。猗顿羡慕不已，试着前去请教。

陶朱公非常同情他，于是交给他秘方："子欲速富，当畜五牸。"牸就是母牛，泛指雌性牲畜。陶朱公是觉得猗顿当时十分贫寒，没有资本，无法经营其他行业，便让他先畜养少数牛羊，等牛羊群渐渐繁衍壮大，日久遂可致富。这对于猗顿来说，的确是一个切合实际的致富办法。

猗顿又问："何处可畜五牸？"

陶朱公告诉他："西河草丰，可肥五牸。"

于是，猗顿按照陶朱公的指示，迁徙西河（今山西西南部地区），在猗氏（今山西临猗境）南部畜牧牛羊。当时，这一带土壤潮湿，草原广阔，尤其是猗氏县南10千米处，有一片面积很大的低洼地区，水草丰美，景色宜人，是畜牧的理想场所。猗顿最初就在这里放牧（史载该地明清时尚存有猗顿宅和猗顿墓）。

由于猗顿辛勤经营，畜牧规模日渐扩大，"十年之间，其息不可计，资拟王公，驰名天下"。因起家于猗氏，遂号猗顿。致富后的猗顿为了表达对陶朱公的感恩之情，修建了陶朱公庙（在今临猗县王寮村）。

猗顿能以畜牧而富拟王公，其畜牧规模之大可以想象，在经营畜牧的同时，猗顿已注意到位于猗氏之南的河东池盐，他在贩卖牛羊时，顺便用牲畜驮运一些池盐，连同牲畜一起卖掉。在此过程中，认识到贩运池盐是一条获利更大的致富途径。于是，他在靠畜牧积累了雄厚的资本后，便着意开发河东池盐，从事池盐生产和贸易，成为一个手工业者兼商人。

狷顿通过多方经营，终成倾国巨富，在当时的社会影响很大。《韩非子·解老篇》云："夫齐道理而妄举动者，虽上有天子诸侯之势尊，而下有狷顿、陶朱、卜祝之富，犹失其民人，而亡其财资也。"说明狷顿之富已超过陶朱公，并可与王势并提。

身在职场，常常需要得到他人的帮助，在得到帮助之后一定要有感恩之心，感恩之心能够让你走得更远。我们要感谢企业赐予自己工作的机会，感谢老板的信任，珍惜工作机会，坚定地付出。一个人如果没有感恩的心，工作就没有积极性、主动性，就会得过且过，就不会把企业的事情看成是自己的事情，因此也不会有发展的机会。

拥有感恩之心的人，在工作中遇到困难的时候不会退缩；拥有感恩之心的人，在企业遇到困难的时候不会放弃；拥有感恩之心的人，能把企业当成自己的，相信通过努力，企业一定能够做大、做强，自己也会得到相应的财富报酬。所以，感恩能够坚定一个人的财富信念，激励他执着地去努力。

把感恩表达出来，为自己的得到付出更多

感恩不仅是人类的行为，就连动物也懂得感恩。鸦有反哺之义，羊知跪乳之恩。孔子说："父母在，不远游。"这就是说人们应该感谢父母的养育之恩，父母养我们的小，我们要养父母的老，不要让父母做空巢老人。做人恩要报，怨要忘；报怨短，报恩长。

感恩是人与生俱来的本性，也是不可磨灭的良知，更是现代社会成功

人士健康人格的表现。拥有感恩的心，你会感谢善良的人们给予你的每一份善意，无论相识不相识。一个连感恩都不懂的人，必定怀有一颗冷酷绝情的心，他绝对不会为他人着想，绝对不会为社会付出。

感恩既然是人与生俱来的本性，我们就一定要做个懂得感恩的人，不要泯灭本性，让自己的良知磨灭。很多时候感恩需要表达出来，所谓话不说不明。如果你对别人的帮助非常感谢，一定要表现在言辞上，这样不但能够表达你的感激之情，还能够让对方明白你的心意。

春秋时期在鲁国的"卞"这个地方有一户人家，家中有个小孩，叫仲由，大人叫他"子路"。子路小时候，他们家里非常穷，吃不饱，穿不暖，经常吃了上顿没下顿。子路有时候还要受到有钱人家孩子的欺负。穷困屈辱的生活使子路养成了刚毅的性格，他从小练习武功，学成了一身好武艺。子路武功高强，却从来不欺负别人，他尊老爱幼，常常受到乡亲父老的称赞。村子里没有人不知道子路是个尊敬父母的好孩子。家中断炊的时候，他宁可让自己饿肚子，也要让父母吃上饭。渐渐地，子路家里的日子好了，他更是对父母照顾得无微不至，父母爱吃什么，他从不辞辛苦，千方百计买回来。

一天，子路随村里的生意人到50多里外的郰邑去做生意，在郰邑的集市上有个小贩卖白花花的大米。子路看见了，觉得很新鲜，他问同行的村民："这是什么呀？"

"这是大米，这米煮饭比小米滑润，很好吃！"这个村民对子路说："你父母一定没有吃过大米，还不买点回去让二老尝尝？"子路听了，觉得有道理。于是，他买了一口袋大米，从郰邑背回家。子路的母亲见儿子背回来一袋大米，很高兴。子路让人把大米煮成了饭。然后他亲自为父亲和母亲各盛了一碗白米饭，送到二老面前，让他们品尝。第一次吃到白米饭的母亲赞不绝口："啊，真香甜啊！想不到白米饭这样好吃。"子路恭敬地说："既然母亲爱吃，就多吃一些，孩儿背回来的米可以吃不少日子呢！"

没想到，子路的母亲吃过大米饭后，从此不想再吃小米饭了。子路背回来的大米是有限的，不久，那袋大米吃完了。没了大米，到吃饭的时候，家里人把小米饭端上来，子路的母亲皱了皱眉头，就回到房间里睡觉去了。

子路非常害怕，赶忙进母亲的屋里问安："母亲，您是生病了吗？""没有，孩子，你们吃吧！为娘不开胃，没心思吃！"说罢，竟蒙头睡了。子路寻思了片刻，明白了是怎么回事了。第二天天不亮，他就动身前往郯邑，直到天黑才赶回家。一进门他就喊："娘，快让人做白米饭，孩儿从郯邑给您买来了大米！"子路的母亲听了，含着眼泪把子路拉到身边说："孩子，难为你了，来回100多里路呀！你怎么干这种傻事呢？""娘，没事！我有的是力气！"子路揩揩额头上的汗，说道："您就叫人做饭吧！等这些米吃完了我再去背！"

子路的母亲终于又吃上了香喷喷的大米饭了。从此，子路经常跑100多里，到郯邑去给母亲背大米，从不让米袋子见底。

后来，子路听说大学问家孔子收徒讲学，就到孔子府上拜孔子为师。

孔子非常欣赏子路。孔子常说："自从我得到了子路，小人说得不好听的话在我耳边再也听不到了。"只有一件事，孔子感到奇怪：过一段时间，子路就要请一次假返回家。孔子问他："为什么你老回家去呢？"子路谦恭地回答老师："学生的母亲爱吃郯邑的大米，我要常常背这里的大米回家探母！"

孔子赞叹地说："子路真是个大孝子啊！"子路后来在保护孔子周

游列国讲学中，起了重要的作用。

直到现在济河边还立着一块石碑，碑文写着：仲由负米息肩处，作为对子路孝顺母亲的纪念。

无论是在史书上，还是在民间故事中，有关子路的事迹流传得很多，但是子路感恩母亲，不辞辛劳为母背米的故事最为感人。生活当中，知道感恩的人有很多，但是能够做到像子路一样感恩父母的又有几个呢？我们要做一个懂得感恩的人，感恩父母的养育之情，感激老师的教导之义，感谢生命中遇到的所有的人。

受人滴水之恩，当以涌泉相报。感恩，多么吸引人的字眼啊！感恩，就是得到好处之后的感激之情呈现出来回馈他人。由此可见，在表达了我们的感恩之情后，我们所要做的就是为得到的而去主动付出。感恩不能只是说说而已，要付出行动去回报那些有恩于我们的人。

那么，一个懂得感恩的人，通常会怎样表达自己的感恩之情呢？

1. 感恩每一天

有时候你并不需要感恩某个具体的人，你可以感恩生活。感恩生活赋予你的一切。善于感恩的人经常这样想："我真是个幸运的家伙！今天又能安然地起床，而且还有崭新的完美一天。我应该好好珍惜，去扩展自己的内心，将自己对生活的热情传递给他人。我要常怀善心，积极地帮助别人，而不要对别人恶言相向。"

2. 给你所要感谢的人一个拥抱

我们要养成感恩的习惯，当别人帮助了你，你要感谢别人的付出。比如同事或者家人帮你解决了一个又一个难题，为了表达你的感谢，可以给他们一个紧紧地拥抱。

3. 找到感恩的理由

列出一份你必须感谢一个人的理由清单，表达你对他的感受，为什么要感谢他，或者他在哪些地方帮助了你，而你深怀感激。然后将这份清单交给他。

4. 公开感谢他人

公开表达你对他人的感谢，在一个公开的地方表达你对他人的感谢，例如在办公室里、在与朋友和家人交谈时、在微信朋友圈、在博客上等。

5. 给他人意外的惊喜

给他人意外的惊喜可以改变人际关系，比如说在上班的时候给同事带一份小礼物；回家的时候送给爱人一束鲜花；周末请家人出去吃一顿大餐。

6. 感激你所遇到的不幸

生活中需要感谢的还有所遇到的不幸。即便生活误解了你，使你遭遇挫折与打击，你也要怀有感恩之心。不是感谢所遇到的困难和挫折的事情，而是感谢在你遇到困难时帮助和爱护你的亲朋好友，因为有他们陪在你身边，让你变得更坚强，带给你健康和积极的心态。

创富，思源才能思进；适度饥饿，感恩惜福

俗话说：吃水不忘挖井人。我们在享受创富结果的时候，也不要忘记

那些还走在创富道路上的人，或者那些在你创富过程中帮助过你的人。在我国感恩早已成为了一种文化素养、一种思想境界、一种生活态度、一种社会责任。许许多多创业成功的人士，都不会忘记在创业过程当中帮助他们的人，更不会忘记社会给他们创造的好机会。因此，他们在创富成功之后，会选择回报他人，回报社会。

懂得感恩的人，会感激敌人甚至是逆境。正是困难和逆境激发了他们的潜能，打破了他们安逸的平庸，使他们创造了佳绩。正所谓："竹密不妨流水过，山高岂碍野云飞。"生命因遭逢曲折而绚丽多姿，人生因跌宕起伏而风采动人。

感恩是小德，忘恩是大恶。创富，思源才能思进，感恩才能惜福。我们现在提倡讲文明、树新风，反对铺张浪费。事实上，那些创富成功就铺张浪费，整日大鱼大肉、山珍海味、暴饮暴食的人，日子久了身体基本上都会出问题，那么好日子也就结束了。只有那些懂得创富思源，适度饥饿，感恩惜福的人，才会想着回报他人，回报社会，创富的路也才能走得更远，幸福人生才能长长久久。

我们都知道苏东坡是我国北宋时期的一位著名诗人。他担任过徐州知府，在任时以为官清廉、刚正不阿、不畏权势、执法严明著称，受到徐州百姓的称道和传颂。现在徐州城还流传着有关他的一些故事。

苏东坡50岁的时候，家人要为其祝寿，苏东坡一再制止，并嘱咐家人不准让外人知道自己的生辰。但是，寿辰这一天，还是有人来送礼了。一个人双手抱着一盆盛开的月季花，家人便问："请问尊姓大名，有何事？"来者说："我叫赵钱孙李，来祝寿的。"家人听罢，奇怪地笑道："哪有这样的名字呢？"来者说："我本姓赵，右邻姓钱，左邻姓孙，对门姓李，知府大人今年五十大寿，大家推荐我送一盆月月红，给知府大人做寿礼。"家人听后，知是百姓心意，本想收下，但又想大人从不收礼，只好叫来者说出理由，那人思忖片刻道："花开花落无间断，春去春来不相关。但愿大人常康健，勤为百姓除赃官。"家人把诗写在纸上，叫仆人把诗送给苏东坡看，让他来处理此事。不一会儿苏东坡出来，亲自收下那盆月季花，笑着咏诗道："赵钱孙李张王陈，好花一盆黎民情。一日三餐抚心问，丹心要学月月红。"

后来虽然苏东坡不再做官，但是他清正廉明、惩贪除恶的好名声却在民间一直流传。

苏东坡之所以能够受到百姓爱戴，是因为他不贪财，处处为黎民百姓着想。其实经商之道和为官之道有很多相似之处，只有你怀有对客户的感恩之心，才能得到大家的支持和爱戴。

·感恩是一面，惜福则是另一面。佛家讲究戒贪嗔痴是有道理的。贪婪的人欲壑难填，种种永无餍足的营求，都只不过是石沉大海，徒劳无补费精神。我们要学会节俭，适度饥饿，铺张浪费、贪婪无度的人会败亡相继，与幸福相去甚远。

唐代史书上记载：肃宗为太子时，曾在宫中亲侍他父皇玄宗进膳。盖问安侍膳，乃太子之礼也。那席间有一块羊腿肉，玄宗欲食之，顾视肃宗，着他亲自割切，肃宗承命，就用刀割切了。因刀刃上有些羊脂污漫，肃宗取一块饼，将刀揩得洁净。玄宗见饼乃食物，而以之拭刀为可惜，有不悦之色。肃宗从容举起那饼，放在口中吃了，玄宗方才大喜。

玄宗遂对肃宗说道："凡人福禄有限，应当如此爱惜。"

《帝鉴图说》中认为："大抵自天子以至庶民，福分虽有大小，然皆以搏节爱惜而得长久，暴殄糜费，必致短促。譬之井泉，徐徐吸取，则其来无穷，用之不尽，若顿行打汲，则顷刻之间，立见其干竭矣。所以自古圣贤之君，虽尊居九重，富有四海，而常服浣濯之衣，不食珍奇之味，减省服御，爱养民力，故得寿命延长，国祚绵远。彼齐后主、隋炀帝之流，竭万民之膏血，以供一人之欲，如恐不足，一旦福穷禄尽，身丧国亡，岂不可悲也哉。"这就是讲的从皇帝到百姓都要懂节俭，才能有福报。

富而思源，回报桑梓。

"锄禾日当午，汗滴禾下土。谁知盘中餐，粒粒皆辛苦。"我们在教育孩子节约粮食的时候，自己应该身体力行，给孩子做榜样。

诸葛亮曾告诫他的儿子："君子之行，静以修身，俭以养德。"这句话的意识是，生活简朴，可以培养一个人的美德，浪费是一种可耻行为。节俭是维持人类生存的必需；节俭是持家之本。中国人多地少，粮食宝贵，而且粮食凝结了劳动人民的辛苦付出，所以我们要珍惜，并养成节约粮食的良好习惯。我们今天的幸福生活来之不易，所以不管你拥有多少财富，都应该适度饥饿，感恩惜福，杜绝铺张浪费。

第四章
利他之心，持续吸引
财富

为富不必不仁

《美国国家科学院院刊》发布的一项调查显示，越有钱的人越抠门儿是普遍现象。加州大学和多伦多大学的学者们发现，利益当前，上流社会的富人比普通大众更容易说谎、欺诈和违法。他们所做的首个实验是在旧金山附近观察道路情况，发现有1/3的豪华车违规超车，这比普通车要多一倍。还有近一半驾驶名车的人与行人争路，但驾驶普通车的人几乎不会这么做。第二个实验是电脑投色子游戏。让参与者报告自己所得点数，数目最大者可以获得奖金50美元，在这个游戏中有钱的人谎报点数的比较多。第三个实验是研究人员把一罐糖果交给参与实验的人，让他们分给小朋友，自己也可以享用一些，而有钱人往往要比穷人拿走得更多。

这项研究说明越是有钱的人越贪财，但"为富不仁"似乎是一种普遍倾向。其实，为富者不必不仁。不要因为贪财而失去更多财富或者比物质财富更珍贵的东西。

黄霸，字次公，西汉时期淮阳阳夏（今河南太康）人。史学家班固评论说："自从汉朝建立以来，要讲治理百姓的官吏还是数黄霸第一。"黄霸还在年少时，就立志长大做一名好官吏。由于汉时并无科举制度，汉武帝为缓解财政困难，发布诏令，凡是向国家贡献财产的给官做。黄霸便用粮食换了一个卒吏。他从政后，奉公守法，以廉为本；体察民情，以劝课农桑为重。特别是黄霸断案，崇尚仁政，反对酷刑；对疑案坚持从轻处理；主张对犯罪实行外宽内明，教化为先，把重点放在防患于未然上，所以，黄霸为官，百姓拥护，朝廷满意，属下悦服。黄霸也因此从一年俸二百石的小吏，一直升到了朝廷的丞相。黄霸在颍川郡任太守时政绩最为突出。此前，颍川郡是一个豪强地主称霸一方、百姓流离失所的地方，他到任后，大刀阔斧，布施恩德，安置流民，重视农桑，施行教化，经过几年的精心治理，颍川出现了太平安定、吏治清明、生产发展、"田者让畔、道不拾遗"的太平景象，皇帝因此下诏称颂黄霸是良吏中的最优秀者。

在黄霸面前，那些横征暴敛的酷吏应该感到羞愧。像黄霸这样的人，自己高官厚禄还能想着救济百姓是百姓之福。

其实，为富不必不仁。富而兼济天下，用心去回报社会，你不但不会失去财富，反而能够为你聚拢更多的财富。

胡雪岩是叱咤商场的红顶商人，他不但善于经商，更令后人敬佩的是，他"为富且仁"，乐善好施，做出很多义举，在赢得"胡大善人"的美名、黄马褂加身的同时，亦获得了更多的财富。在他的这些义举中，胡庆余堂雪记国药号的开办，尤为后人称道。

为什么创办胡庆余堂雪记国药号（下称胡庆余堂），社会上有两种说法：一种说法是胡雪岩因胡老太太生病抓药受阻，怒而开药号；一种说法是胡雪岩因小妾生病，抓回的药中有以次充好的一两味药，要求更换时遭到药店伙计的抢白，激愤而开药号。实际上，任何偶然事件都有其必然性，胡庆余堂的开创与胡雪岩深受杭州悠久的中医文化熏陶，身处乱世而兴济世救人之念有着密切的关系。其实，早在1875年由于战乱、疫病等原因，人口死亡率剧增，人口负增长之时，胡雪岩便已打定救死扶伤的主意。他邀请江浙一带的名医研制出"诸葛行军散""八宝红灵丹"等药品，赠给曾国藩、左宗棠等部及灾区民众。胡雪岩开创的胡庆余堂在全盛时将救死扶伤的范围扩大到全天下所有的百姓。在胡雪岩的主持下，胡庆余堂推出了 14 大类成药，并免费赠送避瘟丹、痧药等民家必备的"太平药"，在《申报》上大做广告，使胡庆余堂名声远播，这正是胡雪岩"放长线钓大鱼"的经营策略。1878 年春，以上的耗费换来的是成倍的利润。

1880 年，胡庆余堂的资本就已达到 280 万两银子，与北京的百年老字号同仁堂南北相辉映，有"北有同仁堂，南有庆余堂"之称。而胡雪岩，胡庆余堂的创办者，也因其不耻下问、勇于探索，一个钱庄出身、不熟悉药业的人在中国药业史上写下了光彩夺目的一笔，使胡雪岩的声名不致被时间所冲淡。这也算是善有善报吧！除了创办胡庆余堂以悬壶济世的义举之外，胡雪岩还为左宗棠的西征举借洋款，为左宗棠成功收复新疆，结束阿古柏在新疆十多年的野蛮统治立下了汗马功劳，又书写了他人生中精彩的一笔。

人生价值如何体现？

随着社会经济的发展，富人更富，穷人更穷，是大家公认的社会现象。财富的不平衡，使得富人为自己的安全问题担心；穷人却因为失业而无法解决生活窘迫问题。有一位不太出名的法律专家分析保镖行业红火的原因时说："社会转轨时期的社会治安状况比任何阶段都复杂，社会治安形势严峻一直是困扰我国社会秩序与社会稳定的一大问题。由于财力警力有限，注定了在现阶段和将来相当长一段时期内，国家不可能同时兼顾公共安全和个体人身财产安全与保护。而公共安全存在缺陷，在客观上则为私人保镖的出现创造了必要的需求关系并提供了足够生存空间。而从另一个角度观察，公民个人聘请私人保镖其实是克服公共安全缺陷的不得已举措。"

总之，为富者不能不仁，为富者的仁，不但对个人安全问题有利，而且能够缓解社会矛盾。

让别人"有利可图"

在创业的过程中不可能一帆风顺，也离不开和别人合作。尽管你在创业之初有很好的规划、很精密的筹谋、很大的勇气，但是也避免不了有遇到困难和失败的时候，要想战胜这些困难和失败，必然少不了与别人合作，得到别人的帮助。不赚钱的买卖没人做，在竞争激烈的商场中，要与人合作或者想要得到别人的帮助，就需要让别人"有利可图"。

有关范蠡的故事流传得很多，你可能还不知道"秤"的来历和范蠡有关呢！

范蠡在功成名就之后，没有留恋功名，而是回乡隐姓埋名地经商去了。他在经商中发现，人们在市场中买卖东西时都是靠眼睛分辨物品的多少，很难做到公平交易，便想创造一种测定货物重量的工具。

一天，范蠡经商回家，在路上偶然看见一个农夫从井里汲水，方法极是巧妙：井边竖一根高高的木桩，一根横木绑在木桩顶端；横木的一头吊木桶，另一头系石块，此上彼下，轻便省力。范蠡顿受启发，回家仿照着做了一杆秤：用一根细直的木棍儿，一头钻上小孔儿，小孔儿系上麻绳，用手来掂；细木一头拴上吊盘，装盛货物，一头系鹅卵石为砣；鹅卵石移得离绳越远，吊起的货物就越多。秤做出来了，一头挂的货物多，鹅卵石就要移得远，才能平衡，他觉得必须在细木上刻出标记才行。但用什么东西做标记呢？他苦苦思索了几个月，仍然不得要领。

有一天晚上，范蠡出去小便，一抬头看见了天上的星宿，突发奇想，便用南斗六星和北斗七星做标记，一颗星一两重，十三颗星是一斤。从此，市场上便有了统一计量的工具——秤。

时间一长，范蠡发现有些心术不正的商人，卖东西时缺斤短两，克扣百姓。如何杜绝奸商的恶行呢？范蠡又是一番苦思冥想，终于想出了改白木刻黑星为红木嵌金星，在南斗六星和北斗七星之外，再加福、禄、寿三星，十六两为一斤。范蠡以此告诫同行：作为商人，必须光明正大，不能赚黑心钱。他说："经商者若欺人一两，则失去福气（幸福）；欺人二两，则后人永不得'俸禄'（做不了官），欺人三两，则折损'阳寿'（短命）！"

就这样，秤一代代流传下来，一直沿袭到今天。

有时候让别人有利可图，你可能会因此得到的更多。在创富的过程中尽量让别人有利可图，他们才能与你长期合作，给你提供一些有利于企业发展的条件，你的企业才能够基业长青。对待合作伙伴如此，对待员工也应该如此。在创富过程中，让员工获得更多的利益，比如工作环境的改善、生活条件的提高等，员工得到实惠，自然会对企业尽心尽力，会把自己当作企业的主人。

东汉时期，杨震出任东莱太守期间，因公务途经昌邑。县令王密本是荆州的茂才，曾得到杨震的推荐。一天夜里，王密谒见杨震时，从怀里取出金十斤相赠。杨震毅然拒绝，说："故人知君，君不知故人，何也？"王密说："暮夜无知者。"杨震还是推却不受，严肃地说："天知，地知，我知，子知，何谓无知！"王密见他如此廉正挚诚，只好羞愧地出门而去。

杨震是宏农华阴（今属陕西）人，曾执教讲学二十余年，年五十始出仕，历任荆州刺史、涿郡太守、司徒、太尉等职。他是大器晚成，虽五十岁才当官，但官运亨通。这么大的年纪才当上官，是很不容易的。他为政清廉，无私无畏，眼里容不得半点沙子，敢于同邪恶势力斗争，直至被诬自杀。

在廉洁方面，却金说"四知"，只是杨震不接受私人馈赠的一个例子。是不是他的薪水很高？非也。杨震的生活并不富裕，他的家人经常吃青菜和粗粮，出门皆以步代车。亲朋故旧劝他，要他为自己的子孙后代着想，趁当官之际置办私人产业，从中牟取利润。但是，杨震始终没有同意。他说："使后世称为清白吏子孙，以此遗之，不亦厚乎！"意思是不给子孙购置产业，而是留下了清白廉正的名声，不也是十分丰厚的遗产吗！

尽管杨震位列三公，但他从不阿谀权贵，也不愿慷公家之慨去讨好他人，而是正色当朝，纠偏纠妄。汉安帝的奶母王圣，仗着抚养安帝有功，不但自己为非作歹，而且怂恿女儿佰荣在宫里恣意骄淫，行贿受贿。杨震为此上疏安帝，要求"速出阿母，令居外舍，断绝佰荣，莫使往来"。但是，由于安帝的庇护，王圣阿母和女儿佰荣更是肆无忌惮。佰荣又与朝阳侯刘护的堂兄刘环私通。刘环娶佰荣为妻后，也因而得以袭刘护之职而擢位侍中。对此，杨震义愤填膺，再次上疏谏诤，指出刘环拜官封侯"不合经义"，要求将侍中之位传袭给刘护的同母胞弟刘威。但安帝不仅置之不理，反而在中常侍樊丰和侍中周广、谢恽等人的煽动下，为王圣阿母大修宅第。

延光三年，樊丰等人趁安帝东巡泰山的机会，伪诏争相修建住宅。不久，樊丰等人听说杨震在调查此事，害怕真相泄露，便共同造谣中伤杨震，又奏请安帝收回杨震的太尉印绶，将他遣返原籍。当杨震行之城西几阳亭时，感慨地对子侄和随从们说："死者士之常分。吾蒙恩居上司，疾奸臣狡猾而不能诛，恶嬖女倾乱而不能禁，何面目复见日月！身死之日，以杂木为棺，布单被裁足盖形，勿归家次，勿设祭祠。"说完之后，饮鸩酒而死，年七十多。可以说，杨震的自杀，不是畏罪自杀，也不是无奈自杀，而是以自己的死来抗争社会的不公。

历史是公正的，它不会冤枉任何一个好人。顺帝时，杨震得到平反。朝廷为嘉奖他的忠贞，以礼改葬于华阴潼亭（今陕西潼关关西大道北），并立碑于石上，其碑至今犹存。杨震虽逝，但他和他的却金"四知"，一直被世人所传颂。

杨震一生所做的工作都是为百姓办事，为了让百姓"有利可图"，他宁愿以死来抗争社会的不公，这种精神是很多人不能企及的。我们大家都应该从自身做起，从小事做起，做到利他人而惠及自己。

在生活当中你让别人"有利可图"，助人为乐之余，也会相应地得到回报。在创富的过程中如果我们能够让别人"有利可图"，也同样会让自己获利，并且还会获得别人的尊重。

我国自古就有"一个好汉三个帮"的说法，这说明一个人的成功往往离不开他人的帮助。只有自己懂得同大家分享利益，才能得到大家的帮助，才能在团队当中脱颖而出，成为团队当中的领袖，或者是获得更大的发展。

有时候，一个不经意的选择就会决定人的一生。如果你自私自利，害怕别人得到，自己会失去得更多。明白了这个道理，你还会认为让他人"有利可图"是犯傻的行为吗？在创富的过程当中，懂得让他人"有利可图"，可以给自己带来长远的利益。

安徽省颍上县有个管谷村，约公前725年，村里有个叫管严的人生了个儿子，取名夷吾，字仲，他就是后来辅佐齐桓公成为春秋首霸的天下第一相的管仲。

管家家境贫寒，管仲的出生，给这个家带来了欢乐和希望，邻里乡亲听说管家喜添新丁，纷纷前来道喜。第一个来道喜的是邻村的鲍家夫妇和他们两三岁的儿子鲍叔牙。管、鲍两家是世交，交往亲密，两家人世代相处得很好，管仲和鲍叔牙也不例外，他俩从小就成了情同手足的好朋友。

为了维持生计，年轻的管仲和鲍叔牙到店铺林立、商贾云集的南阳一代，合伙经商。他们赚了钱分利息的时候，管仲常常多拿一些。对此，别人认为管仲贪婪，鲍叔牙却说自己家比管仲家要宽裕一些，管仲家贫多拿一些是应该的，并不是因为他贪财。后来，管仲为鲍叔牙出了个发家致富的主意，结果很失败。别人都讥笑管仲无能、愚蠢，鲍叔牙却说得失成败是人之常事，处处为管仲开脱，给他以莫大的支持和帮助。

当时的齐国国君齐襄公是一个荒淫残暴的君主。在他的统治下，齐国政局动荡不安，公子们也预感将要大祸临头，纷纷逃避到别的国家去。当时，公子纠在管仲的辅佐下避走鲁国，而公子小白则在鲍叔牙的辅佐下到莒国避祸。不久，齐国发生暴乱，齐襄公被杀死，齐国一时没有了君主。公子纠和公子小白都拥有君位继承权，谁先赶回国内登基谁就是国王。因此，两人听到消息后都急忙动身回齐国。管仲为让公子纠登上王位，就在半路设伏兵劫杀公子小白，还亲手向公子小白射了一箭。谁知这一箭正好射在公子小白腰带的挂钩上，公子小白就势躺倒装死，骗过了管仲。后来，公子小白当上了国王，是为齐桓公。

齐桓公即位后，想让劳苦功高的鲍叔牙出任丞相。但出乎齐桓公意料的是，鲍叔牙不仅坚辞不就，还大力推荐差点要了齐桓公性命的管仲为相。鲍叔牙说："治理国家，我不如管仲。管仲宽厚仁慈，忠实诚信，能制定规范的国家制度，还善于指挥军队。这都是我不具备的，所以陛下要想治理好国家，就只能请管仲当丞相。"齐桓公不同意："管仲当初射我一箭，差点把我害死，我不杀他就算好了，怎么还能让他当丞相？"鲍叔牙马上说："我听说贤明的君主是不记仇的。更何况当时管仲是为公子纠效命。一个人能忠心为主人办事，也一定能忠心地为君王效力。陛下如果想称霸天下，没有管仲就不能成功。您一定要任用他。"齐桓公终于被鲍叔牙说服了，让管仲出任丞相，鲍叔牙甘心做管仲的助手。在管仲和鲍叔牙的合力治理下，齐国成为诸侯国中最强大的国家，齐桓公成为诸侯中的霸主。

管仲与鲍叔牙是好朋友，无论在经商当中还是在仕途当中，鲍叔牙总是护着管仲，想着让管仲多得到一些。他让管仲"有利可图"不但成就了管仲，也成就了齐国，更是让自己得到了一个知己。所以，无论做什么事情都要让别人有利可图，才能达成最终的愿望，在创富的过程中更需要如此。

无论从事什么职业，创富都要讲究一定的方式、方法，而让别人"有利可图"是各行各业通用的成功法则。在销售当中无论是促销也好，还是打折也罢，这都是让别人"有利可图"的方式。而只要是能够适当地"舍利"，你的销售就会获得成功。

永远给别人比他们期待的多一些

如今是市场经济，很多人都用利益来衡量得失。于是很多经营者只看眼前利益，不肯多给别人一点好处，甚至是冷漠经营，在顾客碰到难处的时候，也不肯出手相助，像这种经营方式是不适合这个竞争激烈的社会的。无论是开店营业，还是其他创业，乐于助人，永远给别人比他们期待的多一些，才能打动人心，让自己有更好的发展。否则只能是倒闭停业，遭遇失败。

谚语说："工作中的傻子永远比睡在床上的聪明人强。"对于年轻人来说这句话更准确，年轻人要想获得成功，除了做好本职工作以外，还应该多做一点，给别人的永远要比他期待的多一些，这样就可以给自己创造更多成功的机会。要想做到多付出一点，多给别人一些，必须培养自己的心境，如果你以不情愿的心态让他人多得一些，你可能得不到任何回报。如果你只是为了得到更多的利益，才肯给别人多一些，那你所期望的利益永远得不到。

清朝末年的一天，外面下着绵绵细雨，红顶商人王炽开的同庆丰钱庄（下称同庆丰）总号大店之内，人来人往，熙熙攘攘。此时一个衣衫褴褛的花甲老者，携着一个六七岁的黑衣孩童走了进来，两人脸上都脏兮兮的。柜前，许多小伙计正在那儿忙着算账，见了他们，一个衣着光鲜的小伙计头都没抬一下，"存钱吗？"老人枯树皮似的双手颤巍巍地捧上了一枚油迹斑斑的铜钱，小伙计笑了："要饭的吧。"老人说："我活不了几天了，膝下只有一孙，想给他存点钱，等我一死，好让他还有几天饭吃。"小伙计声称："一枚钱太少，多了再来存吧。"老人道："钱庄为什么不让人存钱呢？你们行行好，就当可怜我们吧！"

他苍白的须发抖动，面含悲色。然而不管老人怎样低声哀求，小伙计就是不答应。无奈，老人与孩子伤心流泪，望着大厅正中的"信义天下"四个浓浓的墨字黯然离去。

第二天，不利于同庆丰的谣言开始多了起来，在当地引起巨大影响，同庆丰的客户们也恐慌不已，对钱庄产生了信任危机，纷纷涌到同庆丰提现银存到别家钱庄。事情极为紧迫，大东家王炽连夜召开会议商量对策，彻查这个事件的来龙去脉。原因找到后，他痛心疾首："人无信不可以立呀！"最后，他毅然决定，开除那个触犯钱庄约法的小伙计，扣发主管人员半年薪水，并让下人全城搜寻行乞的爷孙两人。王炽亲自出马，率领钱庄全体人员在大门前将老人、孩子迎进店中，向他们诚恳道歉，把他们那一文钱设立一个特殊账号，开出了票据，并给了高出别人十倍的利息，以示诚意。此后，人们对同庆丰的误会才渐渐消散，对王炽的表现深为钦佩，给予了高度评价，称他信用有加，不愧为商坛巨擘。于是大量的银子又源源不断地流入了同庆丰钱庄。

经商要以诚信为本，不可区别待人。如果你能够给别人比他期待的多一点，他自然会感激，如果你以貌取人，或者不拿同样的标准待他，就会形成不良的口碑，这对你的经营极其不利。发现错误，及时补救，像王炽一样给别人的比他期待的多一些，你就会有意外的收获。

在工作当中除了做好本职工作之外，如果你能够多做一点，那么不仅能够让老板看到你的勤奋，还能够给你争取更多的提升机会。而在实际工作当中，很多人都会以"这不是我的本职工作"为由，拒绝多付出一点，其实你多付出一点就能够让别人多得到一点，当你能够主动完成更多一些工作的时候，你给予他人超出了他人期待的，你的机会也就来了。

无论是在工作还是在经营当中，我们都要有那种永远给别人比他们期待的多一些的精神。它就像是一盏指路明灯，不仅照亮了别人，也会照亮你自己。

1862 年（同治元年），叶澄衷在虹口开设老顺记商号，经销五金零件。他经营有方，过了几年，总号移至百老汇，并在长江中下游各商埠遍设分号，遂成巨富。他成巨富后，热心社会公益与慈善事业，在家乡和上海设立慈善救济机构，多次出资赈济浙、鲁、豫等省灾区，受清廷嘉奖，并捐得候选道员加二品顶戴。

叶氏的诚信，不仅受到同行的称赞，而且也博得外商的好评与信赖。他的发迹是在 17 岁那年，自棹小舟，来往于黄浦江中，与番舶做小生意。有一天，有一位外商乘他的小舟渡到十六铺彼岸，外商上岸时，遗落一只手提的小皮包。叶氏发现时，那位外商已经远去。叶氏打开皮包一看，里面有很多钞票与支票，于是叶氏在十六铺守候，等外商来取，等到傍晚，那位外商急急忙忙前来向叶氏打招呼，找那只皮包，叶氏一见确是那位外商，就将皮包奉还。那位外商打开皮包发现一文不少，遂把一叠厚厚的钞票送给叶氏以表酬谢，叶氏婉言谢绝。这位外商是英国火油的中国部经理，他看叶氏诚实，就请叶氏去管理火油仓库并请了一位中文教师和一位英语教师，教授叶氏文化知识，从此叶氏对西欧有了比较全面的了解，在经营五金及火油等买卖时也有了资本。

帮助别人就是在帮助自己，这话一点儿没错。而且在你力所能及的范围内，多给别人一点儿，即使别人并没有这样要求，你将会获得意想不到的收获。即使你的投入无法立刻让你得到相应的回报，也不要失望和沮丧。因为回报可能会在不经意间，以出人意料的方式出现。其实，很多事情证明，给别人比他们期待的多一些，并不意味着你失去的要多一些，而是将来你会收获更多。

让所有人都获益：自己赚钱，同时对方也赚钱

现代社会市场竞争激烈，有些商家为了打败对手，不惜一再降价血拼，结果两败俱伤，谁也赚不到钱。我们都明白"一根筷子轻轻被折断，十根筷子牢牢抱成团；一只蚂蚁来搬米，搬来搬去搬不动，两只蚂蚁来搬米，身体晃来又晃去，三只蚂蚁来搬米，轻轻抬着进洞里"的道理。其实想要赚钱没有必要去击败对手，有时候和竞争对手合作，不但对方能够赚到钱，自己也能赚钱。

《夷坚志》是南宋笔记小说集，它的作者叫洪迈（1123—1202年），字景卢，别号野处，鄱阳人。绍兴十五年（1145年）进士，官至端明殿学士。书中有这样的记载：

绍兴十年（1140年）七月，临安大火，延烧城内外屋室数万区，裴方寓居，有质库及金珠肆在通衢，皆不顾，遽命纪纲仆，分往江干及徐村，而身出北关，遇竹木、砖瓦、芦苇、椽桷之属，无论多寡大小，尽评价买之，明日有旨，竹木材料免征税抽解，城中人做屋者皆

取之，裴获利数倍，过于所焚。

　　这个故事的意思就是：宋代绍兴十年，有一次临安城着了大火，一位姓裴的商人的住宅、仓库，珠宝店铺也烧着了，但是他没有救自家的火，而是立刻组织人力出城采购竹木砖瓦、芦苇椽桷等建房材料去了。他派出的人只要见到这些东西，立即全部收购。火灾过后，市场上急需建房材料，出现了抢购的情况。这时朝廷还给予销售建筑材料免税的优惠，于是，裴氏不但弥补了他在火灾中的损失，而且还获得了极大的额外利润。

大火烧到家门的时候，能够临难不乱，急中生智的人实属少见。裴氏在火烧家产、大难临头之时，从临安城通天的大火中看到了巨大的商机。他的所作所为不但从中赚到一笔钱，而且还帮助了其他人。如果没有建筑材料的话，就算是有钱也不会那么快买到。

　　生活当中，我们看似为别人开了一朵花，其实也是为我们自己开了一朵花。在给别人带来利益的时候，我们又何尝不会得到利益呢？在面对利益纠纷的时候，我们不要自私自利，只想着能让自己获利就行。如果我们能够考虑一下别人的利益，给别人一些方便或者好处，帮助他获利的同时，我们也可以获得利益。何乐而不为呢？所以我们一定不要自私，要帮助别人做一些力所能及的事情。爱默生说："人生最美丽的补偿，就是人们真诚地帮助别人之后，同时也帮助了自己。"创富的过程就是一个让所有人都获益——自己赚钱，同时对方也赚钱的过程。

　　商场上之所以存在一些不正当的竞争，就是有些人总是不能敞开胸怀去接受自己的对手，总是把自己的对手排除在"所有人"之外，因而常干一些损人不利己的事情。

　　战国时期的赵国，有一位姓卓的人，他是当时有名的大富商。他的祖上是经营冶炼铁矿致富的，后来秦国打败赵国，流放富豪，卓氏也在流放的人当中。赵国被掳获的人中，稍有钱财者，都争相贿赂秦国负责迁徙的官吏，要求迁到经济较为发达且与赵国较近的葭萌。但卓氏目光远大，他说："葭萌这个地方狭小而土地瘠薄，我听说汶（岷）山之下有肥沃的原野，有铁矿，长有大芋头，到了凶年仍不饥荒，人们照常在街市做工经商。"于是，他请求迁徙到以产铁矿著名而尚未开发的临邛（今四川邛崃）地区。到该地后，他利用当地丰富的铁矿资源，结合自己冶炼世家的专长，加之邻近地区又是急需铁工具的少数民族聚居之处，大量招雇劳动力，开采铁矿，熔铸生铁，重操旧业。因当地原来的生产工具十分落后，先进的铁制工具十分畅销，往往供不应求。再加上当地土地肥沃，可替代粮食的野生植物丰富，有利于降低成本，故获利十分丰厚。由于他善于发现和利用有利条件，终于成为滇蜀一带的首富，拥有家童达千人之多，司马迁说他"田池射猎之乐，拟于人君"。可见其富有的程度了。

如果人人都抱有让他人得益的观念，那么我们每个人都会获得很多的益处。如果经商都像卓氏那样，能够给他人提供一些先进的生产工具，促进生产的话，得益的将是整个社会。所以，只有考虑大家的大利，才会有自己的小利，千万不要做一个自私自利的人。

在创富的过程中，如何才能让所有人获益呢？

1. 做人要豁达

"大肚能容，容天下难容之事；开口便笑，笑世间可笑之人。"这副描写弥勒佛的对联，给我们的启示就是：做人不要计较，要豁达、大度。做人要豁达，要抑制个人私欲，不要处处为了自己的利益去为难别人。胸怀狭窄的人常常为了一己之私与他人争夺蝇头小利，但往往是得了小利而失了大利。胸怀宽阔的人，看得更深、更远，不会为了一点小利与人计较，常常能够让他人获利，自己也会因此得到更多。

豁达是一种超脱，是不被名利困扰的解脱，是对功名利禄的看透、看轻。"功名利禄四道墙，人人翻滚跑得忙；若你能够看得穿，一生快活不嫌长。"就是说做人豁达、不计较，别人才不会与你计较，你会因此得到更多。

2. 宽容所有人

一般来说，豁达的人比较宽容，能够接纳别人不同的看法、观点和思想，不会对别人的错误耿耿于怀，更不会记恨给自己带来过伤害的人。

宽容是一种良好的心态，宽容的人最美丽。能够宽容别人的人，其心胸像天空一样宽阔、透明，像大海一样广浩深沉。宽容别人是解决问题的最好办法。一个以德报怨的人，自然会赢得别人的尊重和支持，问题也能够顺利解决；一个不懂得宽容，只知道打击报复，逞一时之勇的人，虽然能解一时之气，但是不会得到别人的尊重，也不能从根本上解决问题。

做人宽容，对人对己以及对社会都有好处。与其把时间花在与对手或敌人计较上面，不如宽容对方，化干戈为玉帛，谋求共同发展。人人宽容一点、大度一点，我们的生活会更精彩，社会会更和谐、美好。

3. 善于合作

当今社会合作共赢已经成了人们的共识，如果想要各方都受益，单兵作战，不如合作共赢。现代社会信息发达，每个人面对的机会也是均等的，获得一个重要信息，把握机会就可以"称霸一方"的年代一去不复返了。因此，无论是集体与集体之间，还是个人与个人之间，都要善于合作，才能谋求发展。要善于合作，就要胸怀坦荡，不计较一时一事的得失，把目光放在共赢上面，让他人赚钱，从而自己也能赢利。

4. 善于分享

如果你发现了一个赚钱的项目，你可以把这个项目分享给你的伙伴。如果对方资金雄厚，你就可以让他出资，如果对方技术力量雄厚，你就可以让他出技术。当然合作的前提是规定赢利后的分成，并且分成要合理，要让对方得到好处，大家才能一起赚钱。否则对方不仅不会跟你合作，他有什么好的赚钱项目也不会想到你。

总之，在创业的过程中，只有让所有人都获益，大家才能拧成一股绳，劲往一处使。这就需要为人豁达、宽容、善于合作。否则，互相抵制、互相掣肘，不但别人不能赚钱，自己也赚不到钱。

懂得分享财富，才能持续创富

每个人都喜欢钱，人活在世界上赚钱不是唯一目的，但是没有钱寸步难行。那么，怎样才算是有钱呢？那些手里拿着百万元、千万元、亿万元什么也不做的人，不算是有钱，只有能够持续赚钱的人，才能叫有钱。不能持续赚钱的人，手里的钱再多，坐吃山空，也有花完的时候。一个人想要持续赚钱，就要懂得分享财富，这样才能持续创富。

战国时期，齐国的国君齐桓公在宰相管仲的辅佐下，把齐国治理得很好，征服了许多诸侯国。后来，只有南方的楚国不听齐国的号令。于是齐桓公做好了征服楚国的准备。

当时，齐国有好几位将军纷纷向齐桓公请战，要求率重兵攻打楚国，但是担任宰相的管仲认为不可。他告诫那些将军们："齐楚两国实力可谓旗鼓相当，两国一旦交战，可能要进行长时间的苦战。而长期陷入战争状态，可能把我们多年来辛苦积累下来的粮草等物资全部耗尽，更别提两个国家要付出多少万人的生命代价了。"

众将军们一听这话，觉得言之有理，于是都不再提请战之事。但是仗还是要打呀！

管仲倒是不急，但也没有撒手不管。虽然不再说什么，他却带领将军们去铸钱作坊看工匠炼铜铸钱，将军们都不知道管仲的葫芦里卖的是什么药。

几天以后，管仲派出100多名商人到楚国去买鹿。在齐国，尽管人们一般只把鹿作为肉食资源，但鹿仍然是比较稀缺的资源。而在楚国，鹿则属于大宗特产，只花两枚铜币就能买到一头不错的鹿。

管仲让那些商人在楚国到处扬言："齐桓公好鹿，请大家相互转告，有鹿的赶快来卖。"

楚国的楚成王和大臣闻听此事后，很是兴奋。他们认为齐国将因此而衰落，十多年前就有先例，卫国的卫懿公就是因为过分沉溺于养鹤而亡国了，齐桓公好鹿，不计成本，真可谓蹈卫懿公的覆辙。楚国君臣那个高兴啊，在宫殿里大吃大喝，就等着齐桓公自伤元气，好坐得其利。

刚开始，齐国商人的采购价是3枚铜币一头鹿，过了10天，采购价涨到5枚铜币一头，再后来，鹿越来越少，管仲让商人把收购鹿的价钱提高到 40 枚铜币一头。

楚国的老百姓看到一头鹿的价钱竟然和一万斤粮食接近，都不愿意再种田了，纷纷携带猎具到深山老林去捕鹿；楚国的官兵中也有人将兵器换成猎具，结队上山去捕鹿。

一年后，楚国国库里的铜币堆成了山，但田地却荒芜了，因为捕鹿的人多，种田的人少了。最后，楚国自产的粮食根本不够本国消费需要，拿着钱却无粮可买。原因是管仲已向诸国发出号令，禁止各诸侯国与楚国进行粮食贸易。齐国是大国，大家都听它的。

这么一来，没用多少时间，楚国军队就人饥马瘦，战斗力大大削弱。管仲见时机已到，号令集合诸国之军，开往楚境。此时的楚成王真正是内外交困，无可奈何，赶忙派大臣前往求和，同意不再割据称强，并保证接受齐国的号令。

后来，有人把管仲这次用的计策称为"买鹿之谋"。

"买鹿之谋"的成功正是管仲巧妙地把财富分享给楚国人的结果。人人爱财，只要你肯把财富分享给他，他就会给你带来回报。

不愿分享是不明智的。不愿分享的人，总是将自己的经验、成果隐藏起来，在他人遇到困难的时候，更不会仗义疏财。只有懂得分享的人，在有利可图的时候想着和大家一起分享财富，才能持续创富。

不懂得分享财富的人，是得不到福报的。乐善好施才会生活得更快乐。所以，在创富的过程中，一定要树立正确的金钱观和财富观。

赚钱不是靠运气，给别人赚钱的机会，才能获得持续赚钱的机会。那么在经营当中，怎样才能持续创富呢？

1. 让利给客户

想方设法满足客户需求是众多企业的共识，然而这样做并不能使你的企业脱颖而出。只有让利给客户，让他们获得更多的财富，他们才能长久地与你合作。让利给客户并不是只有降低价格这一条路。比如，有客户购买了你的产品，虽然你做出了有质量问题包退包换的承诺，过一段时间之后，即使客户没有联系你退换货，你也要主动联系一下客户，询问一下使用情况，甚至上门亲自教给客户使用技巧。这是从服务上让利给客户的一种方式，同样能够得到客户的好评，对待客户有千千万万种好方法，只要你能做个有心的人。

2. 划分客户类型

在经营当中对于不同的客户，用同样的方式来提高其满意度是不可能的。应该区分不同类型的客户，收集和研究他们的需求，然后对自己的经营资源进行优化配置，在满足不同类型的客户需求之后，给他们带去超越期待的惊喜。

3. 积极解决客户抱怨

相关统计表明，绝大多数企业可以妥善解决10%的客户抱怨，而剩下的90%的客户抱怨都会形成客户不满，给企业带来负面影响，甚至有的客户到处宣扬诋毁企业形象。所以企业必须要采取行动解决客户抱怨，认真对待客户的抱怨。如果产品实在是无法使客户满意，可以用其他形式弥补，比如延长保修期、赠送附加物品等。

4. 和客户建立亲密关系

在与客户的交往中，要善于听取客户的意见和建议，表现出对客户的理解和尊重，要让客户感觉到企业特别关心他们的需求。即使客户没有购买你的产品，你也要认真对待他的意见，为他提供一些力所能及的服务。

在客户满意后，他有消费需求时自然会首先想到你，或者身边的人有需求时，他也会把你推荐给他们。

总之，一定要和客户建立亲密关系，即使是潜在客户，也要同样对待，让客户实实在在地得到一些好处，才能为你持续创富打下基础。

第五章

慈善之心，让财富更长久

毫无善心，财富会离你而去

人之初，性本善。每个人的本性都是善良的，只是有的人的善心被地位、名利、虚荣淹没了，一心逐利，忘记了善良的本性。

善良是人间一道美丽的风景线。无论何时我们都要坚持善良，用善良充实心灵。善良，是滋润心灵的雨露，是生活幸福的源泉，是一笔无价却动人的财富。坚守善良，将使我们感悟更多、懂得更多、得到史多。尤其是在创富的路上，更需要坚守善良，如果毫无善心，财富会离你而去。

据《掫青杂记》的记载：宋代东京樊楼旁有一家小茶坊，铺面干净，器皿雅洁，买卖十分兴隆。北宋熙宁元丰年间（1068—1085年），一位姓李的士人与朋友在那家店里喝茶，由于走得匆忙，把一个装有几十两黄金的钱袋遗落在茶桌上了。李某认为钱丢了肯定找不回来了，所以没有回去找。

过了几年，李某再次来到这个茶馆，与同行的朋友提起这桩往事。店主听见，立即插话说："官人所说的这个钱袋，被小的拾得。如果你说的数额相符，便可领去。"李某极为吃惊，兴奋地说："店家果真拾得，我当奉送一半。"店主笑而不答。

茶坊中有个小阁楼，店主扶梯而上。只见楼上收藏了大量客人遗失之物，有雨伞、木屐、衣服、器皿之类，每一件都用纸条标明：某年某月某日，某种外形的人遗失。店主在楼角寻得一个钱袋，仍原封未动，取下楼来询问李某。李某报了袋中黄金的块数和重量。当面打开检点，所言相符，店主立即全数交还失主。李某取出一半要送给这位至诚君子。店主却推辞说："如果重利轻义，早就全部藏进自己腰包里了。"李某感激万分，在座的客人们也都以手加额，大为称颂。

经商最重要的是诚信，诚信离不开善心，只有善良的人才重信义。上文中的茶坊老板捡到了金子，几年都不见人来找，还一直保存着，可见他是一个大善人。如此经商怎么会没有好的口碑呢！

有时候一些看似不起眼的小事，或许算不上恶，你只是没有慈善之心，但却是伤害人心的大事。经营企业口碑很重要，一旦有不善之举，形成不好的口碑，就是你想尽办法促销让利，也不会带来长久的生意。相反，如果企业能够做一些善举，即使是给路人提供一杯热水，这样一件小事，也有利于你的好口碑的形成。尤其是在这个信息传播速度飞快的年代，商家的所有信息都会传播得很快。一旦有"恶行"就会被人传到网上，然后是不停地扩散，简直是一夜之间尽人皆知，财富也会因此离你而去。

鲍尔吉·原野说："善良是一棵矮树。"的确在物欲横流的社会中，很多人只看到利益，只去做能够即刻获利的事，而忽视了善举。其实，善良无小事，只有坚守善良，拥有一颗善良之心，财富才会走近你。

山西票号的创始人雷履泰，创立"日升昌"后，汇兑业务越来越多。作为商界能手，谙熟生财的雷履泰，由此及彼，推想到其他商埠的山西商人托镖局起运银钱亦有诸多不便，于是深入调查晋商所经营药材、茶叶、夏布、绸缎、杂货等进销地点，亲派精明、诚实、可靠的伙计，先后于汉口、天津、济南、西安、开封、成都、重庆、长沙、厦门、广州、桂林、南昌、苏州、扬州、上海、镇江、奉天、南京等地设票号分庄。雷履泰联络晋商，招揽业务，此处交钱，彼处用款，从无空票。因信用可靠，不但山西商人与"日升昌"交往频繁，外省、沿海一带米帮、丝帮亦通过"日升昌"汇兑款项。由于雷履泰经营有方，"日升昌"门庭若市，业务蒸蒸日上。随着通汇扩大，继而吸收存款，发放贷款，利润大增，"日升昌"更是日升月昌，一片兴旺景象。

山西商人见到这种情形都纷纷前来求教怎样投资票号，雷履泰不吝啬赐教，于是山西商人多投资票号。从此山西票号业大盛，鼎盛时期，曾执全国金融界牛耳。

在市场讯息上，雷履泰给予了足够的重视，他注意捕捉和收集，以便于经营决策。他的票号在山西本部建有总号，在外省的一些城市建有分号。他们收集信息，一般都是通过分号与总号之间的业务联系获得的。总商号和各分商号之间，一般五日一函，三日一信，通过书信通报本地的农业生产、市场销售情况，便于总商号的经营决策。这样经营使得雷履泰积累了大量的财富，得到当时人们的盛赞。

很多生意人在创富的时候，只关心能从别人那里赚到多少钱，为了赚钱甚至不择手段。正是因为如此，有些人虽然赚了很多钱，但是声名狼藉。只有在赚钱的时候也乐于帮助别人，怀着善心去创业，才能够得到真正的大财富。更重要的是这样赚钱，才能像雷履泰一样受人尊敬，令人敬佩。因为能够真正帮到别人而创富的人，其人生也是非常有意义的。

个人的善举不能撑起辉煌的慈善事业，但源于心底的善良却能温暖这人间。只有拥有善良，才能让人性内在的美沁出芳香，让人生焕发光彩，更让社会洋溢希望。对于任何人来说，善良都是一笔需要用心浇灌才能体悟其意义的无价财富。没有善心的人，是体会不到收获善良的果实的快乐的。在创业的过程当中，无论前方是阴雨绵绵，还是崎岖坎坷，只要有一颗善良的心做指引，你终会收获巨大的财富，否则财富有可能离你而去。

慈善是爱的传递与社会责任

感恩付出，把爱传递。不仅我国的古代人认识到了慈善的重要性，当代也有很多充满爱心的富商。但是一万个人声援慈善，不如一个人实实在在的行动。不管你的力量有多大，行动了就是把爱心传递出去了，爱心是等价的。哪怕只是你的举手之劳，也请不要吝啬。慈善是每一个人的社会责任，请把你的爱心传递下去，有一天你会收到意外的惊喜。

当你以一念助人的慈善之心，帮助了需要帮助的人的时候，你并没有想过有一天会得到别人的回报，你只是以一颗慈善之心，付出了无私的真情。而当你遇到困难的时候，不仅你帮助过的人会帮助你，其他人也会向你伸出温暖的手。人与人之间的关怀、照顾与帮助，起源都是无私的。这不仅是一份温暖，还是一份爱的传递。愿我们每一个人都不要再对他人冷漠，你所给予的，都会回报到你身上。三国时期的刘备在临终前告诫儿子："勿以恶小而为之，勿以善小而不为。"可见，刘备深刻认识到了善的重要性。

范仲淹是北宋时期著名的政治家、文学家，他曾在其名作《岳阳楼记》中以"先天下之忧而忧，后天下之乐而乐"表明自己的理想。这种以民为先的思想，既是范仲淹身为政治家所坚持的理念，又是他作为慈善家，实践其一生善行中的大德。

范仲淹小时候家里非常贫穷。少年时候在长白山僧舍读书，那时候范仲淹每天只熬一锅粥。粥熬好了之后，他并不马上食用，而是等到第二天粥凝固成饼后，他才用刀将"粥饼"切成四块，早晚各取两块，就着十数根咸菜，权当饭食。范仲淹幼时发奋于贫穷中的这段经历，不仅给后人留下一个"断斋画粥"的故事，也使范仲淹为官处事时一直体恤穷人的疾苦。

后来范仲淹做了大官，虽然薪资待遇丰厚，但是依然非常节俭。他把自己积攒下的大量家财拿出来，在家乡苏州郊外的吴、长两县购买土地近千亩，以地力所得救济当地的穷人，使他们"日有食，岁有衣"。这千亩田地因此被人们誉为"义田"。当地凡有人家婚丧嫁娶，范仲淹都会拿出钱米资助。对于鳏寡孤独之人，范仲淹还会定期给予周济。范仲淹的家乡因而也被人们称作"义庄"。

除了扶贫济困，范仲淹还非常热心于赞助苏州的教育事业。《范文正公全集》记述了这样一个故事。北宋景祐二年（1035 年），范仲淹在苏州南园购得一处草木葱茏、溪水环绕的好地方。原本范仲淹是想在此建设自家的住宅。当房屋建好后，范仲淹请来一位风水先生。先生探查了一番，连夸此地风水好，称若久居此处"必踵生公卿"，也就是说范家住在这里可以世世代代出高官显贵。范仲淹听后却说，"吾家有其贵，孰若天下之士咸教育于此，贵将无已焉"（我家独享此处的富贵，不如让普天下的人都能来这里读书，这岂不是能出更多的贵人）。于是范仲淹毫不犹豫地将房地献出，奏请朝廷批准设立了苏州学文庙，以期培养出更多的人才。范仲淹捐宅兴学的举动在当时影响极大，以至当地富户纷纷效仿。据说"吴学"日后的兴盛即得益于此，并有了"苏学天下第一"的说法。

作为企业老板，更不要对人冷漠，帮助别人就是给自己一条路，给别人一个机会，也就是给自己一个机会。生活中应该少一点自私，多给别人一些关心，那么我们的世界会充满阳光，充满精彩。

企业的社会责任不仅是一项公益事业，也切实关系到企业未来的发展。一个只知道牟利，不为社会做贡献的企业是得不到社会认可的。因此，企业的社会责任不能只是说说而已，企业必须为此付出行动。

对于企业的社会责任的定义，虽然国内外学者多次谈论，但仍莫衷一是。目前国际上普遍认同 CSR（Corporate Social Responsibility，企业社会责任）理念：企业在创造利润、对股东利益负责的同时，还要承担对员工、对社会和环境的社会责任，包括遵守商业道德、生产安全、职业健康、保护劳动者的合法权益、节约资源等。

企业积极主动地履行社会责任，无论是对企业员工，还是对社会上的其他人来说都是一种爱的传递。因为积极主动地履行社会责任，能够创造更多的社会效益，不但有利于本企业员工薪酬的提高，还能够促进整个社会的发展。

总之，无论是个人还是企业，都应该积极主动地进行慈善活动，把自己的爱心传递下去，这是我们每个人义不容辞的社会责任。

关怀弱势，献出自己的爱心

无论是发达国家，还是发展中国家都会存在弱势群体。弱势群体需要社会人士的帮助，才能正常生活或者顺利渡过难关。作为社会中的一员，我们应该尽力关怀弱势群体，献出自己的爱心。

然而有些富人在赚钱的时候为富不仁，在积累了大量的财富之后又一毛不拔，不肯承担社会责任。当然也有很多富人是乐善好施者。

富人捐赠社会，体现的是一种大彻悟、大智慧，是一种长远眼光，一种奉献社会的胸怀，一种助人为乐的精神。其实，无论你是富人，还是中间阶层，其实都应该在他人有困难的时候伸出援手，救人于危难。

> 庄周生活贫困，家里经常没有粮食。有一次他向监河侯借米粮，监河侯说："可以啊！不过我家里现在没有那么多米粮，你稍等一段时间，等我向佃农收了租税后，再借你。"
>
> 庄周听了监河侯的话，很不高兴地说："我昨天来你家的途中，听到有鱼儿对我呼救，我回头一看，发现在车子走过的轮沟中，里面有一条鱼，那鱼儿希望我能用升斗的水救它。"
>
> 于是我对鱼儿说："我先到南方向吴王、越王商讨借水，请他们将西江的水引来迎接你，让你能回到东海，可以吗？"
>
> 那鱼很生气地说："我失去了借以活命的水，已没有容身之处，现在只求升斗的水就可以活命了，你却这么回答我，不如你早点去干鱼市场找我吧！等到你引来西江的水，那时候我的身体早已变成鱼干了！"庄周说了这些话之后，立即转头离开了。

庄周生活贫困，家里已经断了粮，他急需果腹充饥的粮食，才开口向监河侯借粮食，监河侯却让他等到收了租税之后。庄周根本不多求，更无法等待那遥不可及的三百金。

救人贵在救急，当别人迫切需要的时候，你能够献出自己的爱心，对方会很感谢你。比如你给一个几天没有吃饭的人一顿饱饭，比请天天山珍海味都吃腻了的人吃饭更有意义。在生活中，有些人所欠缺的也许只是一杯水、一个微笑，或是举手之劳的协助，这时候你若不能及时相助，想等到拥有更多财物或能力时再施与，往往已经缓不济急了。所以，关怀弱势，献出自己的爱心，贵在及时，"渴时点滴如甘露"。

　　唐代，扶风有个叫窦义的人，非常善于经商。曾经有个叫米亮的胡人，流落在街头。窦义每次看见，都给他一些钱。整整七年，都是这样。他从来也不问米亮为什么落到这样地步。一次，在街市上窦义又遇见了米亮。米亮向他述说饥寒之苦，窦义又给了他5000文钱。米亮特别感激，对人说："我米亮一定会报答窦义的大恩大德的啊！"窦义刚刚闲下来，暂时没有什么事情可做，米亮就来见他。说："崇贤里有一套小宅院要出卖，要价20万钱，你赶紧将它买下来。还有西市一家代人保管舍银财物的柜坊，很赚钱，你也可以按价出钱将它买下来。"

　　写房契这天，米亮又对窦义悄悄说："我擅长鉴别玉石。我曾看见这家屋内有一块特殊的石头，很少有人留意它，是一块捣衣石。这块捣衣石，是一块真的于阗玉啊！你窦义会立即富起来的啊！"窦义没有相信米亮的话。米亮说："你若是不相信，待会儿到延寿坊招来一位玉工，让他给鉴定一下。"玉工来后看到这块捣衣石，大为惊讶地说："这是一块奇异的宝玉啊！经过加工，可以雕琢出腰带扣板20副。每副卖百文钱，还能卖3000贯文钱呢！"于是，窦义雇来玉工将这块捣衣玉石加工成腰带扣板，卖钱几百贯，又加工成盒子、执带头尾等各种东西，卖得钱几十万贯。

　　之后，窦义将这座买下的宅院，连同房契一块儿赠送给米亮，让他有个居住的地方，算对米亮的酬谢。

　　如今一些企业家，在创富的时候付出了辛勤和汗水，在创富成功后又不忘回报社会，而他们的回报是不图名不图利的。他们用榜样的力量激励了无数有梦想的创业者，用爱心和善举感动、温暖了无数人，这也是企业家关怀弱势、献出自己的爱心的榜样人物。

　　爱心是纷洒在春天的小雨，使落寞孤寂的人享受心灵的滋润；爱心是一支拐杖，它给予颓唐者站起来的力量；爱心是一缕阳光，它让贫病交迫者感受到人间的温暖；爱心是一束花朵，它给荒漠跋涉者指明春天的方向；爱心是一泓甘泉，它滋润着干涸者的心田；爱心是一片冬日的阳光，使饥寒交迫的人感受人间的温暖；爱心是一柄撑起在雨夜的小伞，使漂泊异乡的人得到亲情的荫庇；爱心是沙漠中的一泓清泉，使身处绝境的人重新看到生活的希望；爱心是一座亮在黑夜的灯塔，使迷途航船找到港湾；爱心是一阵洒落在久旱的土地上的甘霖，使心灵枯萎的人感到情感的滋润；爱心是一眼流淌在夏夜的清泉，使燥热不寐的人领略诗般的恬静；爱心是一首飘荡在夜空里的歌谣，使孤苦无依的人得到心灵的慰藉……

　　爱心的力量太伟大了，只要我们人人都献出一点爱，这个世界就会变得更加美好。那么你还吝啬什么，从关怀弱势群体开始吧！

慈善不是一时之念，最好的慈善是授人以渔

　　古话说得好："授人以鱼不如授人以渔"。也就是说给人实际的物资，不如交给人获得这种物资的方法。其实道理很简单，一条鱼能够解一时之饥，却不能让人长久地有鱼吃。要想长久地有鱼吃，就要掌握钓鱼的方法。所以，送给别人鱼等鱼吃完了就没有鱼吃了，教会别人钓鱼的方法，他随时都可以有鱼吃。也就是说授人以鱼只救一时之急，授人以渔则解一生之需。送人鱼，饱一顿；教人渔，益终身。所以，做慈善不能只是一时兴起，给他人以"鱼"，而是要教会他人"渔"。

　　武训是中国历史上为人称颂的乞丐，他曾用乞讨兴学的义举，为后世留下了一个有关中国仁善精神的传奇。

　　武训，原名武七，清末山东堂邑人，自小家境贫穷，三岁丧父，故幼时起便以乞讨度日。每次讨来食物，武七都先侍奉母亲，因而被称为"孝乞"。武七七岁的时候母亲也去世了。此后，武七便一边乞讨一边为富人家做工。由于不识字，武七曾被一个雇主骗去工钱。这让武七决心兴办义学。为了积攒办学的费用，武七白天在街市上乞讨时不惜以丑态哗众以获施舍，晚上则为人纺织麻线赚取佣金。

　　几年过后，武七攒够了 6000 文钱。一天，他来到当地一个富人家，跪在门外要见主人。这家主人让仆人用钱把武七打发走，不料武七却说："若见不到主人，我就在这里长跪不起。"主人无奈，只好来见武七。武七说："乞丐武七有求于贵人，请您一定答应我！"主人问："你是想要钱吗？"武七答道："不，我不是想向您讨钱，而是有钱要送到您这里！"这个富人感到非常奇怪。武七接着说："我现在有 6000 文钱，想存到您这样的富贵人家里，由您经营，日后希望您能给我些利息。"这家主人见钱并不多，便答应了武七的请求。此后，武七每攒够 1000 文钱都存到这家，而他由此所获的息金也随之增加，本息积累终至白银几百两。

　　光绪十四年（1888 年），武七出资 4000 余吊在堂邑柳林庄办起了第一座义塾。他高薪聘请塾师授课，并到穷人家去跪求父母把孩子送到学校免费读书。开学那天，武七拜见了每一位老师和学生，并摆下丰盛的酒宴款待他们。武七自觉身份卑微，不便入座，所以就请来了当地有声望的名人陪席。而武七本人则只吃些残羹剩饭。平日上课，武七也多到义塾去探视，见到老师勤奋授课，他便跪地拜谢，若是遇到塾师懈怠或学生贪玩，武七就长跪不起，流泪劝其勤勉。师生因此都对武七非常敬畏而不敢懒散。

后来，武七又靠乞讨所得兴办了馆陶、临清两所义塾。山东巡抚张曜得知武七乞讨兴学的义举后，赐名为"训"，并奏请朝廷赐武训"乐善好施"匾。据说光绪帝甚至还赏武训穿黄马褂，以行表彰。

光绪二十二年（1896 年），59 岁的武训在为家乡留下三座学堂后，长辞于临清义塾中。据《清史稿》记载，武训在弥留之际，还在听着学童们的诵读之声，直至含笑离去。近现代的很多名人，如梁启超、冯玉祥、陶行知等，都曾为武训撰文，讲述一个义丐乞讨兴学的感人故事，赞誉长传于世尚善尚仁的民族精神。

每个人的社会地位不同，但是无论你的社会地位怎样，你都可以保持一颗善良的心。有些人乞讨是因为失去了劳动能力，迫于无奈才进行乞讨。而有的人乞讨是因为好吃懒做，想要不劳而获。他们本来有劳动能力，却要过那种被人可怜的生活，这样的人才是真正可怜的人。他们的可怜之处在于，他们失去了做人的尊严。像这种靠别人可怜过日子的人，日子只能是越来越可怜。而像武训这样的人虽是个乞丐，还不忘做慈善，值得我们称颂。

有的人的可怜是物资的贫困，有的人的可怜是精神的贫乏。现在有些年轻人，他们太渴望家里的环境能好一些；他们太渴望身边能够有更多的机遇等着他们，渴望别人对于他们不堪的现实给予理解和帮助；他们太渴望接受的教育能像外国一样，不断抱怨着应试教育毁了他们的前程，从此不能和世界接轨了。他们工作不积极，不想着千方百计掌握工作的要领、提高工作的效率，而是天天抱怨，觉得自己赚钱少很委屈。他们总是说单位不好，说领导不公平，以此来得到别人的同情。这种人就是精神上的乞丐。

故事当中这位乞丐，给了乞讨者一个活着的答案，用这样的教育方式，点燃了生命的亮光。他让一个乞丐也能获得尊严。他用他的行动告诉每一个乞讨者，人生是公平的。上帝创造了一个人的存在，就一定有他活着的魅力，向别人伸出乞讨的手，无疑是放弃了自己生活的乐趣，以及上帝赋予人类活着的意义。这位母亲的做法教会了乞丐自食其力，这就是一种授人以渔的做法。

李英，也叫李五，字俊育，明代泉州晋江凤池人，因在家中排行第五，故俗称李五。李五是宣德年间福建一带出了名的慈善家。他从小就跟着哥哥们经商，成年后继承家中产业，成为"富贾泉郡"的名人。据《泉州府志》载，李五虽家资巨富，为人却性情温和，好义乐施。遇有衣食不足者，李五常周济以钱粮。故而李五家乡的人都尊李五为"义长者"。李五曾多次为家乡泉州的建设慷慨解囊，由他出资兴建的庙宇、桥梁，很多至今尚存。

李五靠生产、贩卖蔗糖致富。有一年榨季过后，李五将大量的蔗糖储藏在仓库中，等着选个合适的时间运到外地去出售，忽然遇到了暴雨。连日的大雨把一座仓库冲塌。数日后，当李五清理废墟时，偶然发现一部分黑糖因被泥土覆盖而未被雨水溶解，然而糖的颜色却由黑变白，尝了尝它的味道，觉得比黑糖更加甘甜。于是以后，李五就在制糖的过程中加入一道覆盖黄土的工序，用这种方法造出的白糖，口感明显胜过黑糖。李五的生意因此日益兴隆。当时的人用李五的家乡来命名这种糖，这就是著名的"凤池糖"。

随着凤池糖声名远播，李五的生意也从福建做到了江西、浙江等地。明正统九年（1444年），李五贩糖至浙江宁波。一天，李五听说鄞县买糖的忽然多了起来，便调运大批凤池糖到当地销售。但是，当李五来到鄞县后却得知，这里正在闹瘟疫，百姓盛传唯服用泉州产的凤池糖才可治病，所以购买的人越来越多，一时间糖价猛涨，凤池糖成为当地奇货。然而李五并没有在"商机"面前见钱眼开。为了让无钱买糖的穷人也得到及时的救治，李五决定给没有钱的人免费提供糖。人们听说之后蜂拥而至，纷纷前来求糖。李五见需求的人太多，便索性教给人们制糖的方法，让他们每天将糖倒入井中，任民众自取服用。不久之后，瘟疫果然被根除，鄞县因李五施糖而重享安宁。

李五的善行虽然少见经传，却写入民心。为了纪念慈善家李五，鄞县的人们世世代代将李五舍糖的那口井称为"李五恩公井"，直至今日，此井仍存。

好多慈善的企业家给贫困地区捐赠了不少财物，这些财物帮助贫困地区的人们解决了很多生活问题，然而这属于"授人以鱼"的做法。而像李五那样把慈善做到极致，把自己发家致富的方法都教给人们，这种做法才是"授人以渔"的做法，才能从根本上改善贫困地区的面貌。

常怀慈善之心，为社会的共同富裕做贡献

我们到底要不要布施，要不要进行慈善活动，为社会的共同富裕做出贡献，不妨看下面的故事。

唐宋元明以后的民间慈善家，史上记载了很多，北宋时期的大峰和尚是慈善史上有名的大善人之一。他大约生活在北宋徽宗宣和年间，事迹已记载在我国和东南亚各国史籍中，主要慈善事业以修桥为

民造福为主。北宋徽宗政和六年（1116 年），这位佛学大师从福建来到广东潮阳，自己募捐筹集资金，在潮阳修建和平桥，含辛茹苦历经十二年建成。当地居民感恩戴德，他去世后在桥旁修建了"报德堂"以祭祀他。从此，广东潮汕地区慈善事业和慈善机构日渐兴盛，这都源于这位佛教大善人。清朝至民国，由大峰法师影响而兴起的汕头市存心善堂，成为南方声望最高的慈善机构。1929 年当地人所写的《祖师纪录碑》，详细地记载了这位距今约一千年的慈善大家的生平善事："宋大峰祖师，闽人，为宣和时高僧……劝喻潮人造桥、修路、施棺、殡殓、救人、赠药、赈灾、恤困等善举，毕生不倦，开化潮人不少……各县遂风起云涌，奉祖师神像，力行善举。"大峰慈善思想还流传海外，在泰国曼谷也建立了大峰祖师庙，成立有关民间慈善机构，在此基础上于 20 世纪 90 年代兴办了泰国华侨崇圣大学。可以说，大峰是一位国际性的慈善家。

有人认为慈善是大人的事情，慈善是有钱人的事情。其实谁都可以做慈善，只要你心怀善心，无论年长年幼，无论贫富都可以进行慈善活动。如果你没有钱，你想进行慈善活动，你可以像大峰和尚那样借助社会的力量来进行慈善活动。

慈善从来都是美好的，为了社会的共同富裕，我们每个人都应该献出爱心，多做一些慈善，尤其是创富的企业家，个人先富起来，不要忘记为社会的共同富裕做出贡献。其实个人富了，不忘社会的企业家不在少数。

范蠡是春秋战国时期著名的政治家、谋略家。我们所知道的范蠡的故事，大多是他辅佐越王勾践卧薪尝胆十余年，并最终打败吴王夫差的政治、军事故事。然而历史上的范蠡其实还是一位非常富有并广布善举的慈善家。

　　据《史记》记载，范蠡在帮助勾践雪会稽之耻、平灭吴国之后，便辞官引退，游走各国。范蠡颇具经商才干。他在行至齐国后，便以鸱夷子皮为化名从事商业活动。很快，范蠡就积累下千金家财，成了齐国的首富。齐王得知范蠡的才能，便拜他为相。然而，手执相印的范蠡却想到了更多生活在贫困之中的百姓。于是他将财富全部接济穷人，辞去了相职，重以布衣之身前往陶地。陶地位于齐、宋、卫国的交界处，范蠡认为这里是天下的中心，与各国交通便利，在此贸易必可致富。于是他又化名陶朱公，再次开始经商。果然，陶朱公不久后便大获其利，家产第二次累至千金。但是他发现，陶地同样有许多人贫苦不堪。于是范蠡又一次将千金散尽，资助穷人。据说范蠡在19年的从商经历中曾"三至千金"。他的才干使他几乎每到一地都能富甲一方，然而对天下穷人的悲悯却又让范蠡每一次都将千金巨富倾囊赠出。在布施财富之余，范蠡还不忘传授人们经商获利的方法，希望借此为穷人找到致富的门路。

　　尽管史家已在典籍中将范蠡赞为"富好行其德者"——一个与人们通常印象中"为富者必不仁"截然相反的评价，后世百姓还是以独特的方式在民间纪念着慈善家陶朱公。在范蠡身后，人们已将他奉为文财神，以此企盼哪一天陶朱公也将财富和经商智慧散至自己的家门。

范蠡是一个富而思进、富而不忘他人、富而心系他人的人，他的一生帮助了很多人。在现代社会中，如果企业家不满于小成功，在个人不断发展的同时，也带动其他人一起发展，不但能为社会创造财富，而且还能给他人提供工作机会，这也是为社会的共同进步献出了爱心。

作为创富者,在创富的路上永远不要丢掉慈善之心,时刻心系为社会的共同富裕做出贡献,这样才能得到人们的拥护和爱戴,才能取得创业的成功。社会需要爱心,人类需要帮助。也许只是一根小小的木桩,就可救活一个溺水的人;也许只是薄薄的一条毯子,就可以温暖一个冻僵的人;也许只是一句话,一只温暖的手,就可以唤回失望者的希望。那么为什么我们不去做呢?别走开,让我们一起来奉献自己的爱心,众志成城,把我们的祖国建设得更加美好。那么,长怀慈善之心为社会的共同富裕做贡献,有什么好处呢?

1. 可以体现一个人的社会价值

长怀慈善之心为社会的共同富裕做贡献是帮助他人、服务社会、传播文明,在这个过程中,可以体现出个人对他人的价值、对社会的价值,体现出个人对社会的良好的促进作用。

2. 可以使一个人助人的热情和善良的本性充分表露出来

很多人都愿意帮助别人,只要愿意,只要自身的条件允许,就可以为他人、为社会献出自己的爱心,充分表露自己的善念、良知和社会责任感。

3. 感受到助人的快乐和生命的充实

帮助别人是一件快乐的事情。心怀慈善,真诚地帮助他人、服务社会,看到困境中的人们因为得到了你的帮助生活有所提高,看到社会某方面因为自己的努力而有所改善,你就会产生成就感和满足感。心怀慈善的人一般都会觉得自己的付出值得,自己的生命充实、有意义。

4. 可以锻炼和提高自己的能力

对于心怀慈善的人来说，进行慈善活动可以锻炼和提高自己的能力。对于慈善活动的组织者来说，还能锻炼和提高自己的组织能力、协调能力、处理复杂局面的能力等。

5. 可以提高做人的层次和品质

心怀慈善为社会的共同富裕做贡献的人，可以提高做人的层次和品质。慈善是一种奉献，也是一种境界。无私无偿地帮助他人、服务社会、传播文明，只要真诚地做，会把自己最善良的一面激发出来，甚至稳定下来，一定会提升自己的思想境界和人生境界，使自己的品质变得高尚或接近高尚。

6. 可以帮助自己少犯错误

在这个物欲横流的世界，诱惑太多。尤其是在各项制度和制度文化缺失的情况下，在违法、违规现象层出不穷的情况下，在一些不良的社会风气影响下，有些诱惑，真是很难抵挡。常怀慈善之心的人，往往能促使自己从道德层面上对自己的一些行为进行反思、选择，帮助自己不犯或少犯一些错误。

7. 可以丰富生活体验

常常进行慈善活动可以丰富生活经验，引发自己对于生命的思考和珍惜。对于没有参加过慈善活动的人来说，参与慈善活动是一种新的生活体验、人生阅历，投入越多，体会越深。慈善活动服务的对象是生活中有困难的人，这会引发进行慈善活动的人对于人生、生命等方面的思考，只要是用心在做，心怀慈善者都会有所感悟的，很可能从此开始进行更多的慈善活动，为社会的共同富裕多做贡献。

8. 可以提高自己的美誉度和可信度

社会对慈善事业越来越看重，慈善活动可以提高自己的美誉度和可信度。人们容易对从事慈善活动的人产生信任、信赖。这是必然的，这也是一些仅仅带有其他目的的企业和个人鼓噪着要进行慈善活动的重要原因。其他目的不是不能有，也应该有一些，但要适度，不能背离慈善的宗旨，不能成为慈善的唯一目的或主要目的。

当然，做慈善更多的还是付出，这些好处是建立在真诚、真心付出的基础上的。仅仅出于商业目的，以及其他不合适的目的进行慈善活动，肯定会暴露的，而且会得不偿失。这种慈善只能称作伪善，会成为人们的笑谈、笑骂和鄙夷的话题。要做慈善就要长怀慈善之心为社会的共同富裕做贡献。

第六章

创富的15个法则

法则一：为了心灵的富足而创富

究竟什么样的人才算是富足的人？或许大家会说这还用问吗，有钱人啊！其实不然。很多富人虽然很有钱，但是他们精神空虚。精神贫困的人，心灵空虚，即使拥有再多的财富，心灵也在流浪。人一旦失去精神支柱就会变成金钱的奴隶。把金钱作为追求目标的人，一旦金钱可以满足物质的需求，精神上的空虚就暴露出来了，而精神空虚是人生最大的敌人，严重者甚至会觉得生无可恋。我们要想克服这种精神空虚，就要让心灵变得强大、富足。尤其是对一些创富者来说，追求金钱不是最终目的，要为了心灵的富足而创富。

东汉时期有个叫第五伦的清官，复姓第五，名伦，京兆长陵（今陕西人）。他质朴正直，乐善好施，体恤百姓。无论在哪儿做官，都以为民解忧为己任。

第五伦年少时就耿直而重义，平时邻里乡亲谁有了困难，他总是热心帮助。王莽乱世，盗贼四起，百姓们都把第五伦当作依靠，推举他为首领抵抗盗贼。第五伦带领百姓们筑堡自卫，铜马、赤眉等几十支军队都没有攻下第五伦的营垒。第五伦得到地方官褒赏，做了掌管诉讼和赋税的官吏，他深感责任重大，多次对下属们说："我们掌此职权，一言一行都关系民生疾苦，绝不可干害民贪占之事。"当上级官员授意第五伦多收些钱财时，第五伦一口回绝，他义正词严地说："哀民生之多艰，再行加收于心何忍！"

　　第五伦担任会稽太守时，虽身居高位却依然节俭如故。穿布衣，吃糙米，自己动手割草喂马，妻子亲自下厨房烧火做饭。每领到俸禄，除留下自己一家食用之需，全部赠送给穷苦百姓，并以清贫为家训，不置家产。他的朋友劝他说："人各有命，以你一人之力，能救济多少？又怎么能救济每一个人呢？"第五伦回答说："只是不辜负这一片心而已！"他的朋友说："你自己清廉自守、不贪不占已属不易，又何苦不置家产，把什么留给后人呢？"第五伦笑着说："你过奖了，我是在给后人积德呢！"

　　在蜀郡太守职位上，第五伦鉴于郡府中的属吏多以资财入仕，他们追求奢华，不关心百姓。于是，他毅然将这样的官吏全部裁汰精简，而改选有品德、有节操的人担任，从此争相贿赂之风便被禁绝了。他还向朝廷举荐了很多品德高尚的人，其中不少人后来都官至九卿，并且都清正廉洁，没有一人因贪污受贿犯罪。

　　第五伦一身正气，凡事秉公而行，从不曲意逢迎。当时朝廷外戚专权跋扈，大臣们无人敢谏。第五伦升任司空后，便屡屡上书抨击时弊，要求防止外戚骄奢擅权，并提出没有德行才能的人坚决不能受任官职，因此得罪了不少有权势的人。同僚中有人劝他说："你重仁重义，这是君子的美德。不过既在朝中为官，就该深谙官场之道。你不懂变通，将来会后悔的。"第五伦回答："仁德乃我毕生所求，此为大也，怎能为了求一官职而尽失？你意为我好，却不知我的志向啊！"

　　第五伦得到汉章帝的赏识和信任，后来一直位居三公。他推行教化，做了许多惠民利民的好事，成为百姓景仰的人。他对别人说："仁德不是攫取所能得到的，有了仁德才是成人做事之本。我自愧一生所做的善事太少了，而得到的福报却是无法想象啊！"

第五伦乐善好施，一生都致力于为百姓谋福，他虽然没有得到巨大的物质回报，却得到了精神财富。所以，我们无论是做人做事还是经商，都要有一颗慈善的心。

心灵的富足是一种美，这种美来自内心的快乐。决定一个人生活是否快乐的不在于环境，而在于心灵。做人的最高境界，不是一味地追求财富的增长，而是保持富贵不能淫的不卑不亢的精神，君子的高贵之处就在于内心的富足。

人生最大的满足就在于心灵的富足，人的任何追求都应该以心灵的富足为最终的目的。所以，我们的物质追求应该以满足心灵的富足为出发点。当人们对物质和财富的追求得到满足后，如果没有更高层次的追求，就会陷入空虚和无聊，这也是社会上某些富人自杀的主要原因。

那么，在创业的时候，怎样做才是为了心灵的富足而创富呢？

1. 不要在物质当中迷失

物质的丰盈会使人陷入难以选择的烦恼：满桌的菜肴却不知道吃什么好，满衣柜的衣服却不知道穿哪件。心灵的迷失很可怕，人生真正的富有是心灵的富足，不攀比、不嫉妒，专注自己的生活。心灵坦然和满足，找到属于自己的平静和自在才是最富有者。当然，我们并不反对物质的丰盈，而是应有一种正确对待财富的态度。

2. 做一个有思想的人

人无思想就像行尸走肉一样。一个人即使不是单纯地追求物质的富有，如果不能让内心富足，也会被无尽的空虚和失落包围。当我们与人交往的时候，我们常常会被一个人的新观点所吸引，从而感到快乐。当我们天天和一些酒肉朋友一起，除了吃喝玩乐，没有精神追求的时候，就会感到很无聊，生活毫无情趣。

多读书，做一个有思想的人。我们专心读书的时候，一般都会越来越欢喜，这是因为在读书的同时，我们得到了心灵的满足。一个人在创富的过程中，不但要使财富增长，也要使知识随着增长。这样遇事才会有自己独到的见解，生活就不会枯燥无味，心灵才能富足、安康。

3. 不炫富、斗富

一个人一旦陷入财富的旋涡，满心都是财富，任何事情都要用财富的多寡去衡量。有些人还会故意炫耀自己的财富，认为这样就会收获他人羡慕的眼光，他人会很崇拜自己，这样就会让自己很有面子。是的，财富确实能够吸引人，但是炫富更多地会引起人们的仇富心理，而不是单纯的羡慕或者崇拜。一个真正富有的人是心灵富足的人，是在他人处于困境时能够伸手援助的人，而不是一味炫耀自己的财富的人。

有的人除了炫富之外，还喜欢斗富。今天看朋友买一辆 100 万元的车，明天自己就去换一辆 150 万元的车，认为这样自己就很有面子。其实这是虚荣心在作怪，这是在追求一时的虚荣心的满足，不是心灵的富足。

4. 从容面对贫困

大教育家孔子曾经用这样一段话来赞叹颜回："一箪食，一瓢饮，在陋巷，人不堪其忧，回也不改其乐。贤哉回也！"这段话的意思是说颜回用竹器盛饭吃，用木瓢舀水喝，住在简陋的小巷，这是别人忍受不了的清贫生活，但颜回却依旧安贫乐道，贫困没有影响其心志的健康成长，这是一种很高尚的、积极而乐观的人生态度，所以值得赞叹。

我们在创富的过程中，即使环境简陋也应该从容面对，越是这时候越要在富足的精神世界中领悟到人生的快乐。19 世纪英国著名作家萨克雷说：金钱可以买"床铺"，但不能买"睡眠"；可以买"珠宝"，但不能买"美丽"；可以买"纸笔"，但不能买"文思"；可以买"房屋"，但不能买"家庭"；可以买"食物"，但不能买"食欲"；可以买"娱乐"，但不能买"快乐"；可以买"谄媚"，但不能买"忠诚"；可以买"伴侣"，但不能买"朋友"；可以买"服从"，但不能买"尊敬"；可以买"权势"，但不能买"智慧"；可以买"肉体"，但不能买"爱情"；可以买"武器"，但不能买"和平"。金钱的作用确实巨大，但是也有很多买不到的东西，那些金钱买不到的东西，心灵富足者却能够拥有。

以上足以说明财富不是人生追求的终极目标，追求财富是为了得到心灵的富足，一个只有财富而心灵空虚的人是可悲的人。

5. 乐于奉献

美国哈佛大学一项研究显示，在生活中多去帮助他人，能让自己感到更快乐。但现代社会中，乐于无私奉献的人越来越少，斤斤计较的人越来越多。如果你总算计着"我能从中得到什么""做这件事值不值得"，就会活得很累。所以，想要让心灵富足，就要乐于奉献。

法则二：不要企图抢夺属于他人的财富

爱财之心人人皆有，但是贪财之心却要不得。贪财的人都喜欢占便宜，起初是占一点小便宜，渐渐地贪心越来越难以满足，慢慢走向堕落的深渊，不惜一切代价占有他人的财富，最后弄得身败名裂。

利益是抹着奶油的甜蜜陷阱。有的人只想到奶油的甜美，而不顾及陷阱的危害。经不住利益诱惑的人，终会吃大亏。

说起白居易，我们都知道他是唐朝的大诗人。白居易考中进士后，开始了他的为官生涯。

起初白居易被派往陕西周至当县令。

他刚上任，城西的赵乡绅和李财主就为争夺一块地跑到县衙打官司。为了能打赢官司，赵乡绅差人买了一条大鲤鱼，在鱼肚中塞满银子送到县衙。而李财主则命长工从田里挑了个大西瓜，掏出瓜瓤，也塞满银子送了来。收到两份"重礼"后，白居易吩咐手下贴出告示，明天公开审案。

第二天，县衙门外挤满了看热闹的百姓。白居易升堂后问道："你们哪个先讲？"赵乡绅抢着说："大人，我的理（鲤）长，我先讲。"李财主也不甘示弱说："我的理（瓜）大，该我先讲。"白居易沉下脸说："什么理长理大？成何体统！"赵乡绅以为县太爷忘了自己送的礼，连忙说："大人息怒，小人是个愚（鱼）民啊！"白居易微微一笑说："本官耳聪目明，用不着你们旁敲侧击，更不喜欢有人暗通关节。来人，把贿赂之物取来示众。"

衙役取来鲤鱼和西瓜，当众抖出银子，听审者一片哗然。白居易厉声喝道："大胆刁民，胆敢公然贿赂本官，按大唐律法各打四十大板！"众百姓无不拍手称快。至于这些行贿的银子，白居易都用来救济贫苦百姓了。

我们经常说贪小便宜吃大亏，但是在利益面前，有些人就是无法控制自己，往往因为贪婪而铸成大错。像白居易这样严于律己不贪财的人实属少见。

还是那句话，君子爱财，取之有道，千万不要企图抢夺他人的财富，而让自己失去做人的诚信，甚至是身陷牢狱。

严嵩，字惟中，号介溪，是江西分宜人。考中进士之后做了翰林院编修、礼部侍郎，官越做越大。按照高官荫子的规定，其子严世蕃也进入官场，官至工部侍郎。从此父子把持朝政，号称"大丞相、小丞相"。

严嵩由于受到嘉靖皇帝青睐和重用，骄奢霸横之气日益显露，也贪污腐败起来，收受贿赂是常有的事情。严嵩的儿子严世蕃更是有过之而无不及，整天借着其父的势力，违法乱纪，卖官鬻爵，胡作非为。他们父子二人把持着吏部、兵部，这就为他们卖官收取贿赂大开了方便之门。

嘉靖四十四年，他们获罪，皇帝下诏将他们二人逮捕入狱，经审判，判他们大逆不道与谋反之罪，严世蕃被判处斩刑，不久伏诛于市。抄其家，得黄金32000余两、白银202万余两，其他房屋、土地、珍宝、金银首饰、古玩、字画、玉器、服饰、家具无数，几乎超过了皇室的珍藏。还查抄了严家在京师、江西等地的财产。同时皇帝下诏贬严嵩与诸孙为民。严嵩从"贵极人臣，富甲天下"的高位，顷刻之间家败人亡、一无所有，这是他无论如何也承受不了的。

严嵩父子肆无忌惮地贪污终获大罪，这是罪有应得。然而贪污不分大小，即便是一点小利，也是抢夺他人的财富，也应该受到惩罚。尤其是一些公差，本来是为人民服务的，把别人的或者集体的财富据为己有，不但令他人的财富受损，也让人民寒心，导致失去人民的信任。

明代政治家海瑞一生居官清廉，刚正不阿，清廉正直，深得民众的尊敬与爱戴。

在严嵩掌权的日子里，别说是严家父子，就是他们手下的同党，也没有一个不是依官仗势，作威作福的。上至朝廷大臣，下至地方官吏，谁都让他们几分。可是在浙江淳安县，有一个小小知县，却能够秉公办事，对严嵩的同党，一点不讲情面。他的名字叫海瑞。

过去县里的官吏审理案件，大多是接受贿赂，胡乱定案的。海瑞到了淳安，认真审理积案。不管什么疑难案件，到了海瑞手里，都一件件调查得水落石出，从不冤枉好人。当地百姓都称他是"青天"。

海瑞的顶头上司浙江总督胡宗宪，是严嵩的同党，他仗着有后台，到处敲诈勒索，谁敢不顺他的心，谁就该倒霉。有一次，胡宗宪的儿子带了一大批随从经过淳安，住在县里的官驿里。要是到了别的县里，官吏见到总督大人的公子，奉承都来不及。可是在淳安县，海瑞立下一条规矩，达官贵戚一律按普通客人招待。

胡宗宪的儿子平时养尊惯了，看到驿吏送上来的饭菜，认为是有意怠慢他，气得掀了饭桌，喝令随从，把驿吏捆绑起来倒吊在梁上。

驿里的差役赶快报告海瑞。海瑞知道胡公子招摇过境，本来已经感到厌烦；现在竟打起驿吏来，就觉得非管不可了。

海瑞听完差役的报告，装作镇静地说："总督是个清廉的大臣。他早有吩咐，要各县招待过往官吏不得铺张浪费。现在来的那个花花公子，排场阔绰，态度骄横，不会是胡大人的公子。一定是什么地方的坏人冒充公子，到本县招摇撞骗的。"

说着，他立刻带了一大批差役赶到驿馆，把胡宗宪的儿子和他的随从统统抓了起来，带回县衙审讯。一开始，那个胡公子仗着父亲的官势，暴跳如雷，但海瑞一口咬定他是假冒公子，还说要把他重办，他才泄了气。海瑞又从他的行装里，搜出几千两银子，统统没收充公，还把他狠狠教训一顿，撵出县境。

等胡公子回到杭州向他父亲哭诉的时候，海瑞的报告也已经送到巡抚衙门，说有人冒充公子，非法吊打驿吏。胡宗宪明知道他儿子吃了大亏，但是海瑞信里没牵连到他，如果把这件事张扬起来，反而失了自己的体面，就只好打落门牙往肚子里咽了。

古往今来，人们对于贪赃枉法嗤之以鼻，然而仍有一些人守不住清贫、耐不住诱惑、利令智昏，企图通过不法手段来占有属于他人的财富。通过上面的故事，我们不难看出这是一种害人害己的行为。当然上面故事中的胡公子不是因为贪婪而贪赃枉法，而是仗势欺人。这种人遇到海瑞这种清官也会倒霉。因此，踏踏实实地付出是获得财富的唯一法门，走其他邪门歪道都将受到惩罚。

法则三：渴望财富并不断追求进步，为此付出努力

"守株待兔"的故事，小学语文书上就有，大家在嘲笑守株待兔者愚笨的时候，更嗤之以鼻的是他不劳而获的行为。人们渴望财富，但是更讨厌不劳而获。所以，要想获得财富就要不断追求进步，为了自己的目标而全力以赴。

要想做成一件事情，耐心和毅力是必不可少的，这是大家都明白的道理，但是，为什么有的人能够成功，有的人却失败了呢？原因就在于很多人缺少坚持进步，不断付出努力的勇气。

汉初的淮阴侯韩信是一位叱咤风云的战将，为汉王朝的建立立下了赫赫战功。虽然最后被吕后诛灭，但也留下了盖世英豪的

美名。

就是这位叱咤风云的盖世英豪，早年却忍受了不少奇耻大辱。

韩信本来是淮阴人，家里非常贫穷，没有土地。既不能被推举做官吏，又不会从事生产或做生意赚钱。所以，常常到熟人家里去混饭吃，这些人家都不喜欢他。

他曾经多次到邻乡的一个亭长家里蹭饭吃，一连几个月。亭长的妻子很讨厌他，于是很早就起床把饭做好吃了，等韩信到吃饭的时间去时，已没有饭了。韩信当然知道是怎么回事，从此便再也不去亭长家了。

韩信到淮阴城的河边去钓鱼，有几位老大娘在那里漂洗丝絮。其中有一位老大娘见韩信到了吃饭时间还坐在河边，一副饥肠辘辘的样子，知道他没有饭吃，便把自己带来的饭分给他吃。此后一连数十天都是如此。韩信非常感动，向老大娘道谢说："我将来一定加倍报答您！"

老大娘却生气地说："谁稀罕你的报答呢？一个堂堂男子汉却养不活自己，我是看你可怜才给你饭吃！"

当时，淮阴城有个年轻屠户很看不起韩信，他轻蔑地对韩信说："别看你身材高大，又喜欢带刀佩剑，其实你是个胆小鬼！"

韩信不予搭理。那年轻屠户又当众侮辱他说："怎么你不吭声呢？难道你不承认吗？那好，如果你不是胆小鬼，就刺我一刀；要是你不敢刺我，那就承认你是胆小鬼，从我的胯下爬过去吧！"

韩信看了那年轻屠户好一会儿，又想了一想，居然真的低头俯身从他的胯下爬了过去。那人哈哈大笑，满街的人也都嘲笑韩信，认为他胆小怕事。

等到项梁率兵起义，韩信拔剑从军，但一直没有什么名气，项梁兵败后，韩信又跟随项羽的部队，也只做到郎中官。他多次向项羽献计都没有被采纳。当汉王刘邦率兵进入蜀地时，韩信从楚军中逃出来投奔了汉军。开始仍然没有被重用，只做了一个管理粮仓的小官。后来终于得到萧何的赏识，被萧何全力保举给刘邦做了大将。从此一举成名，为刘邦打下了半壁江山。

埌下会战彻底打败了项羽后，刘邦封韩信为楚王。韩信到达封地，找到当年曾分给他饭吃的那位老大娘，赏给黄金一千两作为报答。又找到那位亭长，只赏给他一百钱，对他说："你是个小人，做好事有始无终。"最后，他找来那位曾让他受到胯下之辱的屠户，不但不杀他，反而还任命他为楚国中尉，并对将领们说："他是一个壮士。当时他侮辱我时，我难道真的不敢杀他吗？不是的。但我杀了他就不能成名，不能实现自己的抱负了，所以我忍辱而有了现在的成就。我真该谢谢他啊，他磨炼了我的意志！"

韩信出身贫寒，常常食不果腹，但是他有远大的志向，因为他想要成功，所以他能够忍受胯下之辱。在我们追求财富的过程中也要有这种不怕困难、忍辱负重的精神，俗话说"小不忍则乱大谋"，只有创富的心还不行，还要有创富的意志。

在创富的道路中仅仅渴望财富是不行的，还要不断追求进步，为此付出努力。那么，具体来说，我们应该怎样做呢？

1. 想清楚自己想要哪种生活

如果你对自己目前的生活状态不满意，一定要想清楚自己想要哪种生活。任何人都可以过自己想要的生活，而关键在于只有你能帮自己做决定。因此，一定要清楚自己想要的生活是什么样子，然后做一个规划，并为此付出行动。只要你肯少些抱怨，多些思考与行动，过你想要的生活并非什么难事。

2. 规划好人生

未来有很多未知，有些事情是我们根本就想象不到的，所以很难掌控。但有目标、有规划的人生永远比没有规划、没有目标的人生快乐。当你能够给自己制订出一张清晰的人生规划图时，你便完成了一次自我寻找的过程，而追逐梦想的路本来就是快乐和幸福的。

3. 追求自我成就

有人说："职场上最悲哀的事情，就是你无法选择你的老板！"如果当下的你，因为对老板不满而每天都处于愤愤不平的工作状态，那么你已经没有必要坚持这份工作了——你已经到了换工作的地步了。一个人工作的目的，除了满足我们自身的物质需求外，更是表达自我社会意义的一种价值认同。如果你得不到老板的认可，你也就不会有自我成就感，就会感觉工作没有意义。此时你就要重新选择工作，在工作中追求自我成就感，不要因为"老板"的原因忘掉工作的目的。

4. 在"穷"与"富""忙"与"闲"当中找到平衡

有人为了追求财富而让自己忙碌不堪，其实"穷"与"富"，"忙"与"闲"并没有绝对意义上的划分。这是因为，对于到底有多少钱才是有钱人这个问题，所有人的答案都不同。很多人认为比自己现在的钱更多的那些人便是有钱人。如果你现在对"有钱"的定义是每年赚50万元，但等你达到这个目标之后，你对"有钱"的定义起码会变成每年赚100万元。所以，"穷"与"富"没有严格的界限，最重要的是你要搞清楚要钱干什么、钱将怎样改变你的生活，而不仅仅是为了一个数字去努力，搞得自己忙碌不堪，根本感觉不到生活的幸福。

5. 适时地控制欲望

有人认为幸福是欲望的满足。比如，买大房子、开好车、穿名牌，这就是幸福。但是据相关调查，很多人有豪宅、名车……但他们并未感觉到幸福。这是为什么呢？原因就在于人的欲望是永远满足不完的。

6. 适当地积累财富

虽然有钱不一定幸福，金钱不能买到我们想要的所有东西，但是，在这个社会经济不断发展的时代，积累财富是提升生活品质的重要方面。理好财，你不仅会享受到财富数字增长的乐趣，更能享受财富带来的品质生活。所以，你一定要适度地积累财富，以便改善自己的生活。

7. 打造良好的人际关系

孔子说："有朋自远方来，不亦乐乎！"我国自古就是一个重视人脉关系的国家。人生活在社会中，拥有良好的人际关系，不仅对财富积累有所帮助，而且是我们能够分享成功的喜悦，以及承担伤痛与挫折的强大支撑。

8. 培养自己的业余爱好

如果一个人能够将个人爱好与工作结合起来，这是一件很幸福的事情，但是现实生活中，很多人从事的工作与自己的个人爱好毫无关系。其实，每个人都有自己的爱好，当你抓住这种爱好时，不仅为枯燥的工作、生活增添亮色，更可能将其发展成为成就你一生事业的财富；如果成功有捷径的话，那就是做你最喜欢的事情，并让它赚到钱。

9. 持久的耐力

一个人要想成功，必须有个目标，并为实现目标不懈努力、持之以恒。在创富的路上，持久的耐力是获得成功的必备素质。

10. 不断挑战自己

我们常常会因为自己没有去做一件事情而后悔不已。为什么当时没有去做？大多数人都是因为没有自信，认为自己做不到，时过境迁之后才意识到其实并没有那么难。所以，我们一定要不断挑战自己，在困难面前一定不要退缩。充满挑战的人生才更有味道，只要你敢于挑战自己，享受富有的人生不是难事。

法则四：做正确的事，彻底把贫穷抛在脑后

很多人之所以贫困是由于他们自身懒惰、意志力不强造成的。有些人只想要钱不肯多做一点工作，不想努力，因此只能与贫困为伍。而有的人虽然身处困境，遭受了不幸和痛苦，但是他们不放弃努力，一直做正确的事情，最后获得成功和财富。

有些人认为贫富自有天定，这当然是不科学的。一个人若立志摆脱贫困，就要发挥自己健康的、积极向上的、潜在的才能，勇敢地向着"富裕"和"成功"迈进，无论发生什么事，都不能动摇自己的决心。只有这样才能凭借自信和勇气发挥潜在的能力，最终摆脱困境走向成功。

当然致富的道路有千万条，但是只有做正确的事情才是创富的唯一正确道路，那些通过投机取巧获得的财富不会永久。

东汉末年，黄巾军起义，天下大乱，曹操"挟天子以令诸侯"，孙权拥兵东吴，汉宗室豫州牧刘备听徐庶和司马徽说诸葛亮很有学识，又有才能，就和关羽、张飞带着礼物到隆中（今河南南阳城西，一说为湖北襄阳城西南）卧龙岗去请诸葛亮出山辅佐他。恰巧诸葛亮这天出去了，刘备只得失望地回去。不久，刘备又和关羽、张飞冒着大风雪第二次去请。不料诸葛亮又出外闲游去了。张飞本不愿意再来，见诸葛亮不在家，就催着要回去。刘备只好留下一封信，表达自己对诸葛亮的敬佩和请他出来帮助自己挽救国家危险局面的意思。

过了一段时间，刘备吃了三天素之后，准备再去请诸葛亮。关羽说诸葛亮也许是徒有虚名，未必有真才实学，不用去了。张飞却主张由他一个人去叫，如他不来，就用绳子把他捆来。刘备把张飞责备了一顿，又和他俩第三次请诸葛亮。当他们到诸葛亮家时，已经是中午，诸葛亮正在睡午觉。刘备不敢惊动他，一直站到诸葛亮醒来，才彼此坐下谈话。

诸葛亮见到刘备有志替国家做事，而且诚恳地请他帮助，就出山全力帮助刘备。

《三国演义》把刘备三次亲自请诸葛亮的这件事情，叫作"三顾茅庐"。诸葛亮在著名的《出师表》中，也有"先帝不以臣卑鄙，猥自枉屈，三顾臣于草庐之中"之句。于是后人见有人为请他所敬仰的人出来帮助自己做事，而一连几次亲自到那人的家里去的时候，就引用这句话来形容请人的渴望和诚恳的心情。也就是不耻下问，虚心求才的意思。

建安十二年（207 年），诸葛亮 27 岁时，刘备"三顾茅庐"于南阳隆中，会见诸葛亮，问以统一天下大计，诸葛亮精辟地分析了当时的形势，提出了首先夺取荆、益作为根据地，对内改革政治，对外联合孙权，南抚夷越，西和诸戎，等待时机，两路出兵北伐，从而统一全国的战略思想的宏伟蓝图，这次谈话即是著名的"隆中对"。

刘备所带领的军队能够由弱变强，是因为他能够坚持做正确的事情。他对待诸葛亮的态度就表现了他坚持做正确的事情，遇到挫折也不改变心意的态度。

在创富的时候要踏实、努力做正确的事，好逸恶劳、贪得无厌而不肯付出努力的人，到头来什么也得不到，投机取巧换来的只不过是一场空。我们如果想要摆脱贫穷就要靠自己的力量，做正确的事情。那么，我们如何才能坚持做正确的事情呢？

1. 树立正确的目标

人生在世，几乎每个人都有自己的目标。然而，很少人能够完全实现自己的目标。主要是因为，有的人把目标定得太高，没有能力实现。我们认为依自己的能力能实现的才称之为目标，自己能力达不到的，只能算是空想。

因此，我们要为自己定一些切合实际的目标。比如：希望今年能阅读的书比去年多三本，希望这个月的绩效能比上个月高一半，等等。正是因为有了稍一努力就能够实现的目标，才有了前进的动力。

有人喜欢给自己列一系列的创富目标，既然有那么多的目标就要一步步去实现。然而，据英国一份网络调查显示，在这个世界上，只有不到 20% 的人，实现了自己的人生目标清单。

当然，从幸福指数来看，那些实现了目标的人，比没有实现目标的人的幸福指数要高得多。因此，要想创富，就要树立正确的、量化的目标，然后为之付出努力。

2. 遵纪守法

遵纪守法是每个公民应尽的社会责任和基本义务，是建设中国特色社会主义的基石。要建设高度文明、高度民主的社会主义国家，实现中华民族的伟大复兴，就要求每个人都遵纪守法。

在工作中遵纪守法指的是每个职员都要遵守纪律和法律，尤其是和自己的职业相关的纪律和法律。

随着经济的高速发展、社会的进步，经济市场上出现了一些违法乱纪的行为，尤其是一些通过不正当手段获取财富的行为。要想创富，要想真正摆脱贫穷，就要遵纪守法，在法律允许的范围内做事，做一个遵纪守法的公民，才能获得财富。

3. 重视积累

财富要靠积累，有钱就花，花钱大手大脚，铺张浪费的人是摆脱不了贫穷的。因此，我们要学会攒钱，积累财富。每个人从经济开始独立的时候起，就应该有计划地理财。

如果你是个单身人士，在这个人生阶段生活压力小，收入也可能不会很高，但一人吃饱全家不饿，相应的生活开支也不大，这个时期正好为未来建立家庭积累财富。这时候要努力做好工作，将部分储蓄拿出来进行回报率较高的投资，为积累财富打好基础。

当建立了家庭以后，做任何事情就不能只考虑个人了。这个时期虽然你的收入可能提高了，但是支出也会随之增加，尤其是有了孩子之后，更要考虑养育孩子的支出。这个时期不但要提高生活质量，也要为孩子以后的花费积累财富。这个时期，在合理安排家庭建设的费用支出后，可以选择一些收益比较高的理财工具，把自己的钱投入进去，让钱为你工作，赚取更多的财富。

总之想要做正确的事，彻底把贫穷抛在脑后，就要有明确的目标，然后在符合法律法规的情况下，不断地努力，并且坚信自己的努力一定能够获得最后的胜利。

法则五：没有失败，只有停止前进

俗话说：失败是成功之母。爱迪生在经历了很多次失败之后，发明了电灯。无数成功的人士都经过一些大大小小的失败，没有失败就没有成功。人生难免遭遇挫折，一时的失败算不上失败，停止不前才是真正的失败。

在创富的道路上没有失败，所谓的失败只不过是停止不前。创富是一门科学，更是一门艺术。那些不怕困难、挫折，跌倒100次，第101次站起来的人，就是最后的成功者。

公元前262年，秦昭襄王派大将白起进攻韩国，占领了野王（今河南沁阳）。截断了上党郡（治所在今山西长治）和韩都的联系，上党形势危急。上党的韩军将领不愿意投降秦国，打发使者带着地图把上党献给赵国。

赵孝成王（赵惠文王的儿子）派军队接收了上党。过了两年，秦国又派王龁围住上党。

赵孝成王听到消息，连忙派廉颇率领二十多万大军去救上党。他们才到长平（今山西高平县西北），上党已经被秦军攻占了。

王龁还想向长平进攻。廉颇连忙守住阵地，叫兵士们修筑堡垒，深挖壕沟，跟远来的秦军对峙，做长期抵抗的打算。

王龁几次三番向赵军挑战，廉颇说什么也不跟他们交战。王龁想不出什么法子，只好派人回报秦昭襄王，说：“廉颇是个富有经验的老将，不轻易出来交战。我军老远到这儿，长期下去，就怕粮草接济不上，怎么好呢？”

秦昭襄王请范雎出主意。范雎说：“要打败赵国，必须先叫赵国把廉颇调回去。”

秦昭襄王说：“这哪儿办得到呢？”

范雎说：“让我来想办法。”

过了几天，赵孝成王听到左右纷纷议论，说：“秦国就是怕让年轻力强的赵括带兵；廉颇不中用，眼看就快投降啦！”

他们所说的赵括，是赵国名将赵奢的儿子。赵括小时候爱学兵法，谈起用兵的道理来，头头是道，自以为天下无敌，连他父亲也不放在眼里。

赵王听信了他们的议论，就派人把赵括找来，问他能不能打退秦军。赵括说：“要是秦国派白起来，我还得考虑对付一下。如今来的是王龁，他不过是廉颇的对手。要是换上我，打败他不在话下。”

赵王听了很高兴，就封赵括为大将，去接替廉颇。

蔺相如对赵王说：“赵括只懂得读父亲的兵书，不会临阵应变，不能派他做大将。”可是赵王对蔺相如的劝告听不进去。

赵括的母亲也向赵王上了一道奏章，请求赵王别派他儿子去。赵王把她召了来，问她原因。赵母说："他父亲临终的时候再三嘱咐我说，'赵括这孩子把用兵打仗看作儿戏似的，谈起兵法来，就眼空四海，目中无人。将来大王不用他还好，如果用他做大将的话，只怕赵军断送在他手里。'所以我请求大王千万别让他当大将。"

赵王说："我已经决定了，你就别管啦。"

公元前260年，赵括领兵二十万到了长平，请廉颇验过兵符。廉颇办了移交，回邯郸去了。

赵括统率着四十万大军，声势浩大。他把廉颇规定的一套制度全部废除，下了命令说："秦国再来挑战，必须迎头打回去。敌人打败了，就得追下去，非杀得他们片甲不留不可。"

范雎得到赵括替换廉颇的消息，知道自己的反间计成功，就秘密派白起为上将军指挥秦军。白起一到长平，布置好埋伏，故意打了几场败仗。赵括不知是计，拼命追赶。白起把赵军引到预先埋伏好的地区，派出精兵两万五千人，切断赵军的后路；另派五千骑兵，直冲赵军大营，把四十万赵军切成两段。赵括这才知道秦军的厉害，只好筑起营垒坚守，等待救兵。秦国又发兵把赵国救兵和运粮的道路切断了。

赵括的军队，内无粮草，外无救兵，坚持了四十几天，兵士都叫苦连天，无心作战。赵括想带兵冲出重围，秦军万箭齐发，把赵括射死了。赵军听到主将被杀，也纷纷扔了武器投降。四十万赵军，就在纸上谈兵的主帅赵括手里全部覆没了。

赵括的失败是由于他只懂得道理，不懂得实际应用。所谓"实践出真知""没有实践就没有发言权"，只有通过实践检验的事情，才能朝着好的方向发展。我们无论是在工作中还是在生活中，一定不要光说不练，我们要有不怕失败的精神，行动即使失败了也能得到经验教训。

失败并不可怕，关键是你是否停止了前进。在创富的过程中，只要自己不怕失败，坚持前进一样可以成功。

在知识经济时代，本钱不是决定赚钱多少的重要因素。只要你不停地进步，并且使自己的财富一步一步积累起来，哪怕你是零现金启动，最后也能成就你的财富人生。所以，这个世界上没有失败，只要你不被困难吓倒，善于运用知识、头脑和智慧，不断地前进，就能取得最后的胜利。

任何人取得成功都不是一帆风顺的，走弯路、遇挫折都是为成功付出的代价。所以，在遇到挫折的时候，不要流泪哭泣，要总结经验教训，并且从什么地方跌倒，要从什么地方爬起来，发愤努力，这样，成功就会接踵而来。

如果遇到挫折就一蹶不振，始终生活在失败的阴影里，那么成功永远也不会到来。一时的失败并不能算作失败，只要你不停下前进的脚步，你的梦想就会实现。每个人在取得成功之前，都会经历很多次失败，或大或小，即使伟人也不例外，你所要做的就是不断前进，这样那些小失败就算不得失败。

人生没有失败，只有停止前进。那么，我们怎样做才能不断进步呢？

1. 善于自我反省

人生在世孰能无过？每个人都可能有过失，如果不知道反思自己的过失就会影响到我们的日常生活。因此我们要经常反思自己，审视自己的行为，找出自己的毛病，改正这些缺点，以便于不断进步。

前车之鉴，后事之师。一个人不怕犯错误，就怕犯了错误而不自知，不能及时改正。面对错误，如果我们能够反省自己的行为，找到错误的原因，寻求改正错误的方法，那么，我们就是在错误中吸取了经验教训，在错误中获得了进步。但是，现实中有很多人对自己的错误视而不见，就是不肯反省自己的缺点，这样怎么能够取得进步呢？因此，请正视我们的缺点，时刻反省自己，让自己在一次次改正错误的过程中，不断地提升，不断地进步。

2. 不断学习

活到老学到老，人生就是一个不断学习的过程。知识可以提升一个人的学识，充实一个人的精神，丰富一个人的精神生活，让他时刻保持思想的先进性、创造性和活力。人的行为受人的思想指导，一个人在获得了丰富的知识以后，思想就会变得积极，在面对困难与挫折的时候就能保持奋斗的热情与思考的缜密，不断取得进步。

我们都知道"书籍是人类进步的阶梯"，所以要想不停地进步，就要走向这阶梯，扎实稳固、认真勤奋地学习丰富的知识。每个人都有自己的选择与追求，如果停滞在原地，那就代表着落后。因此，我们不能做一个屈于现状的人，如果想要获得人生的成功，就要不断学习，从不停止前进的脚步。

3. 建立自信

自信对一个人来说十分重要，自信是一个人的精神支柱。一个没有自信的人是不会成功的。人生想要拒绝失败，不断前进，首先就要有自信。

生活中需要自信。现代社会竞争激烈，没有自信是难以生存的。生活的道路是坎坷的，自信能够让你顺利渡过每一个难关。虽然希望是渺茫的，但是自信能让你看到美好的明天。

工作中也需要自信。一个没有自信的人，任何工作都做不好。一个没有信心的人，很难把握成功的机会。自信能给你前进的动力。

然而，现实中很多人缺少自信，认为自己这也不行，那也不行；这也做不好，那也做不成。做事总是害怕失败，不敢鼓起勇气去尝试。怎样才能让自己变得自信起来呢？

（1）找到不自信的原因。总是觉得自己不如别人？总是害怕失败了会遭人嘲笑？看看是什么原因导致不自信，认识到不自信的原因。对亲友或同事，大胆地说出不自信的原因。对别人说出不自信的原因是在提高自己的勇气，同时也可以获取他们的帮助，从而建立自信。

（2）看到自己的长处和优点。为什么要将自己的不足放大，自己吓唬自己呢？其实每个人都有自己的长处和优点。看到自己的长处和优点，让别人认可你，让他们觉得你很有能力，你的自信就会慢慢提升，所以去展现你自己的长处和优点，朝着自己热爱的方向前进，多培养一些爱好，多交一些良友，会让你变得自信满满吧！

（3）设定目标，为成功做好准备。设定一个可以量化的目标，专注其中，坚决按照计划行事，并且做好充分的准备，这样更容易让你实现目标。要经常鼓励自己，坚持下去就会成功。

（4）勇于面对失败。盯着自己的失败和缺点不放手只会让你变得更加弱小。一些逃避现实、不敢自我肯定的人是很难取得进步的。有句名言说"现实中的恐惧，远比不上想象中的恐惧那么可怕"，所以敢于面对挑战，鼓起勇气，多试几次，你的自信就会慢慢高涨起来。

（5）适当地约束自己。给自己　点压力，制定　些约束规则，遵守这些规则。每当取得一定的进步就要适当地奖励自己，每当计划执行得不到位就要对自己做出一定的惩罚。这样做就会让自己慢慢地进步，从而不断提高自信。

法则六：远离懒惰，将梦想付诸实践

懒惰是一种厌倦情绪。它的表现形式多种多样，包括极其懒散的状态和轻微的犹豫不决。生气、羞怯、嫉妒等都会引起懒惰，使人无法按照自己的计划行动。每个人身上都有一定的惰性，也可以说懒惰是与生俱来的。人人都知道懒惰要不得，但是总有逃不过懒惰的魔掌的人。面对惰性行为，有的人昏昏沉沉，意识不到这是懒惰；有的人寄希望于明日，总是幻想明天一定能够付诸行动；而更多的人虽想克服这种行为，但往往不知道如何下手，因而得过且过，日复一日地无所改变。

蒲松龄是清代的文学家，他自幼聪明好学，但长大后屡次应试皆落第。蒲松龄并没有因此而气馁，而是继续追求成功。他曾含羞自荐，给当时德高望重的大宗师黄昆圃写信，希望能得到帮助，然终没能如愿。

从此，他不得不在乡间一边教书，一边继续准备考试。

正在这时，他的爱妻离开了人世，这使他悲恸欲绝，生活也更加清苦。但生活的艰辛与爱妻的去世并没有动摇他追求成功的决心。他化悲痛为力量，写了一副对联来激励自己，上联是："有志者，事竟成，破釜沉舟，百二秦关终属楚"，下联是"苦心人，天不负，卧薪尝胆，三千越甲可吞吴"。

为了达成自己的愿望，他全身心地投入到读书中去，向时间索取知识和财富。他说："耗精神与号呼，掷光阴与醉梦，殊可惜也！"

他还坚持不懈地从群众中获取知识；他在靠近大路旁的一棵大树下面，铺一张芦席，设茶备烟，凡是路过此地的人，他都免费供茶供烟，请他们讲一两个民间故事。就这样，年复一年，日复一日，他广泛搜集素材，勤奋写作。

过了20年，他终于写成了举世闻名的短篇小说集《聊斋志异》。这部著作通过说狐谈鬼的方式，对社会的黑暗面进行批判，并"寓赏罚于嬉笑"，具有很强的艺术魅力。同时，他还完成了《聊斋文集》四卷、《聊斋诗集》六卷、《聊斋俚曲》十四种及其他杂著。

勤奋的人无论经历多少困难，最后总会有收获的。蒲松龄虽然经历失败和痛苦，但是他矢志不渝，坚持不懈地勤奋创作，终于给后世留下了名作《聊斋志异》。

然而，现在有些懒惰的人总是做着不劳而获的发财梦，当他认为是机会来了的时候，却没有想到是一个陷阱。这正应了那句话："天上不会掉馅饼，只会掉陷阱。"懒惰的人，不肯付出劳动，是不会有收获的。只有克服懒惰的坏习惯，将梦想付诸实践，才会有成功的可能。

懒惰是成功的一大杀手，我们一定要克服懒惰的坏习惯。克服懒惰，就像克服任何一种坏习惯一样，是件很困难的事情。但是只要你有决心与懒惰分手，并且能够持之以恒地行动。那么，灿烂的未来就是属于你的。否则，懒惰会让你失去原来所有的一切。

张良，字子房，秦汉时期韩国（今河南中部、山西东南一带）人，是汉王刘邦的军师，因为逃避战乱来到河南南阳，后来又搬到沛国，算是沛国人了。

在秦灭韩后，张良立志为韩国报仇。有一次，因刺杀秦始皇未遂，受到追捕而避居到下邳。张良在下邳闲暇无事，有一天他到下邳桥上散步，碰到一个老人，穿着粗布短衣，走到张良旁边，故意把他的鞋子扔到桥下。然后回过头来冲着张良说："孩子！下桥去给我把鞋子拾上来！"张良听了一愣，但一看他是个老人，就强忍着怒气，到桥下把鞋拾了上来。那老人竟又命令说："把鞋子给我穿上！"张良一想，既然已经给他拾来了鞋子，不如就给他穿上吧，于是就跪在地上给他穿鞋。那老人把脚伸着，让张良给他穿好后，就笑嘻嘻地走了。

张良一直用惊奇的目光注视着他的去向。那老人走了500多米，又折回身来，对张良说："你这个孩子是能培养成才的。五天以后的早上，天一亮，就到这里来同我会面！"张良跪下来说："是。"第五天天刚亮，张良到了下邳桥上。不料那老人已经等在那里了，见了张良就生气地说："和老人约会，怎么迟到了？以后的第五天早上再来相会！"说完就离去了。

又到第五天早上，鸡一叫，张良去了，可是那老人又等在那里了，见了张良又生气地说："怎么又在我后面了？过了五天再早点来！"说完又走了。再到第五天，张良半夜就赶到桥上，等了好久，那老人也来了，他高兴地说："这样才好。"然后他拿出一本书来，指着说道："认真研读这本书，就能做帝王的老师了！过10年，天下形势有变，你就会发迹了。再之后13年，你就会在济北郡谷城山下看到我，那儿有块黄石就是我了。"老人说完就走了。早上天亮时，张良拿出那本书来一看，原来是《太公兵法》（辅佐周武王伐纣的姜太公的兵书）。张良十分珍爱它，经常熟读，反复地学习、研究。

10年过去了，陈胜等人起兵反秦，张良也聚集了100多人响应。沛公刘邦率领了几千人马，在下邳的西面攻占了一些地方，张良就归附于他，成为他的部属。从此张良根据《太公兵法》经常向沛公献计献策，沛公认为他的计策很好，常常采用。他后来成了刘邦运筹帷幄，决胜千里的军师。刘邦称帝后，封他为留侯。张良始终不忘那个给他《太公兵法》的老人。13年后，他随从刘邦经过济北时，果然在谷城山下看见有块黄石，并把它取回，称之为"黄石公"，作为珍宝供奉起来，按时祭祀。张良死后，家属把这块黄石和他葬在一起。

张良是一个善良、勤劳的人，所以他得到了老人的帮助。试想，如果张良是一个懒惰的人，见老人的鞋子掉落，懒得搭理也就不会有拜师的美谈了。

勤奋能够改变一个人的生活，懒惰也会改变一个人原有的生活，懒惰的人日子总会过得越来越差。无论贫富你都应该杜绝懒惰，为梦想积极付出行动，否则你不会获得成功。

生活中懒惰会处处阻挡着我们，当一个人被懒惰所支配时，就会整天无精打采，死气沉沉，或耽于幻想，没有激情，或只说不做，或空耗时间，没有进步的愿望，没有奋斗的动力，生活枯燥乏味，最终一事无成。

懒惰的人做事情总是爱找借口，拖拖拉拉，碌碌无为。一个人一旦形成了懒惰的习惯，就会给生活和工作带来很大的影响，使梦想最终成为幻想。懒惰并非不能克服，你只要重视，只要积极采取措施，就能够战胜懒惰。

1. 认清懒惰的危害，用行动战胜懒惰

懒惰的害处非常多，每天晚上想想自己当天该做的事情是否已经完成。如果因为懒惰而没有完成，就要想想这会给第二天的工作带来多大的麻烦。下定决心，坚定信念，一定要改掉懒惰的习惯。

设置一些可实现的目标，用行动来战胜懒惰。你有什么期待？怎样做

可以展示你的才华和技能？把它们设为你的目标，并积极地付诸行动。

2. 要有时间观念

想要战胜懒惰，首先要有时间观念，不能浪费时间。一个时间观念强的人不一定就是成功的人，但是一个成功的人一定是时间观念强的人。一个人要有时间观念，这是做人的基本原则。不论是古代，还是现代，没有时间观念的人都不受人欢迎。

不论是在商务洽谈还是朋友约会的时候，我们都要做个守时的人。没有时间观念的人，常常会迟到，让别人等候，白白浪费别人的时间。在谈合作时，本来能够谈成的事情，因为迟到让对方不高兴，或者是时间紧张，洽谈就不会得到好结果。在商务洽谈的时候，最好早到或者准时到达，这是对别人的一种尊重。

工作时，我们也要有时间观念，不能把今天的事情拖到明天。"明日复明日，明日何其多；我生待明日，万事成蹉跎。"很多人是有工作能力的，就是因为拖拉而不能按时完成任务，搞得工作没有起色。

3. 改变懒惰的习惯

一些人因为与人、与事、与物出现了对立的心态，搞得生活混乱不堪。之所以这样就是因为懒惰，想法和做法与大部分人出现了分歧。有些人明知道问题出现在自己身上，就是懒得寻找自己的原因，没有积极去改正的心态。印度禅修者克里希·那穆提曾简单而直接地指出心灵失衡的原因："我是这样，却想成为那样。"自己出现了错误，懒于寻找出现错误的原因，却希望能够得到正确的结果，就像是想求别人帮忙，又懒得去说一样，这怎么能够如愿以偿呢？懒惰是人性的弱点，它阻碍我们走向完美的人生。在创富的过程中我们一定要克服这个弱点，修身养性。《大学》中所说："所谓修身在正其心者，身有所忿懥，则不得其正；有所恐惧，则不得其正；有所好乐，则不得其正；有所忧患，则不得其正。"意思是，如果我们的内心还存在着愤怒、怨恨、恐惧、害怕、偏好、瘾嗜、忧虑、患得患失等情绪，我们的心就是不正的。由此可见，如果我们内心存在懒惰的想法，我们的心就是不正确的，我们就不能彻底改变懒惰的习惯。

法则七：不要坐等机会上门，要把握每一次可能的机会

机会总是留给有准备的人，所以要想创业成功就要积极主动地去把握每一次机会。改变一个人的生活的最有效的方法之一，就是抓住每一次改进的机会。机会对于每个人来说都是均等的，就看你是否能够抓住。

鲁班出生于世代工匠家庭，从小就随家里人参加过许多土木建筑的施工，有一定的社会实践经验。据说鲁班年幼时调皮贪玩，但是他不是无目的地瞎玩，而是每天花很多时间玩建筑工艺。如用树枝搭个房子，拆了又搭，搭了又拆；用砖石垒座小桥；找些树根雕个什么玩意儿……有时，一玩就是一整天，连吃饭都忘记了。左邻右舍的人见鲁班整天摆弄这些东西，认为他没有出息，说有出息的孩子应该用功读书写字。

周围目光短浅的人不接受小鲁班。而鲁班的母亲却不然，她认为鲁班玩得很有意义。她想摆弄这些建筑是很动脑筋的，所以，母亲认为小鲁班很聪明，将来能成大器。于是，母亲鼓励儿子去做他喜欢做的事，发展他的才干，开拓他的智慧。

鲁班年少时，十分孝敬父母。后来，父亲死于吴国，鲁班母子俩要赶去奔丧，可路途太遥远了。小鲁班担忧母亲走不了那么多路。于是，他连夜设计制造了一辆车子。这车子用木材制成，车内安装有木制摇把。只要摇把一转，就能驱动车子向前行进。不断摇动，可让车子不断向前运动。车子造好后，小鲁班让母亲坐在上面，又快又省劲儿地到达了吴国。

古代伐木都用斧子，干活又累又慢。有一次，鲁班上山伐木，不料手指被山上的野草划破了，血流不止。鲁班想，一棵小草都如此锋利，如果用铁打成这样的刺，不就可以锯树了吗？于是鲁班发明了锯，至今人们还沿用这种工具。鲁班一生中发明了许多东西，为人类造福不浅，不仅后世的木匠尊崇他为"祖师"，还有更多的人追念他的功绩，把鲁班当作勤劳智慧的化身。

机会不会主动找上门，但是只要你留心观察，就一定能够发现机会。鲁班正是因为从小喜欢建筑工艺，才有机会发明锯子，大大加速了人们采伐树木的进度。

有的人不留心观察、分析，认为机会会主动找上门来，这是不对的。那些听来很赚钱的机会，也许不是真正的机会，当你贪恋他人的利息时，其实他在窥视你的本金。我们不能眼高手低，一心想着赚大钱而不切合实际。真正的机会只有通过努力，才能变得格外美丽。

吴王阖闾打败楚国，成了南方霸主。吴国跟附近的越国（都城在今浙江绍兴）素来不和。公元前496年，越国国王勾践即位。吴王趁越国刚刚遭到丧事，就发兵打越国。吴越两国在檇李（今浙江嘉兴西南，檇音zuì），发生一场大战。

吴王阖闾以为自己可以打胜仗，没想到打了个败仗，自己又中箭受了重伤，再加上上了年纪，回到吴国，就咽了气。

吴王阖闾死后，儿子夫差即位。阖闾临死时对夫差说："不要忘记向越国报仇。"夫差记住这个嘱咐，叫人经常提醒他。他经过宫门，手下的人就扯开了嗓子喊："夫差！你忘了越王杀你父亲的仇了吗？"

夫差流着眼泪说："不，不敢忘。"他叫伍子胥和另一个大臣伯嚭（音 pǐ）操练兵马，准备攻打越国。过了两年，吴王夫差亲自率领大军去打越国。越国有两个很能干的大夫，一个叫文种，一个叫范蠡（音 lǐ）。范蠡对勾践说："吴国练兵快三年了。这回决心报仇，来势凶猛。咱们不如守住城，不要跟他们作战。"

勾践不同意，要发兵跟吴国一比高下。两国的军队在太湖一带交战了。越军果然大败。越王勾践带了五千残兵败将逃到会稽，被吴军围困起来。勾践一点办法都没有了。他跟范蠡说："懊悔没有听你的话，弄到这步田地。现在该怎么办？"

范蠡说："咱们赶快去求和吧。"勾践派文种到吴王营里去求和。文种在夫差面前把勾践愿意投降的意思说了一遍。吴王夫差想同意，可是伍子胥坚决反对。

文种回去后，打听到吴国的伯嚭是个贪财好色的小人，就把一批美女和珍宝私下送给伯嚭，请伯嚭在夫差面前讲好话。经过伯嚭在夫差面前一番劝说，吴王夫差不顾伍子胥的反对，答应了越国的求和，但是要勾践亲自到吴国去。

文种向勾践报告了这些事情。勾践把国家大事托付给文种，自己带着夫人和范蠡到吴国去。勾践到了吴国，夫差让他们夫妇俩住在阖闾的大坟旁边的一间石屋里，叫勾践给他喂马。范蠡跟着做奴仆的工作。夫差每次坐车出去，勾践就给他做车夫，这样过了两年，夫差认为勾践真心归顺了他，就放勾践回国。

勾践回到越国后，立志报仇雪耻。他唯恐眼前的安逸消磨了志气，在吃饭的地方挂上一个苦胆，每逢吃饭的时候，就先尝一尝苦味，还问自己："你忘了会稽的耻辱了吗?"他还把睡觉的席子撤去，用柴草当作褥子。这就是后人传诵的"卧薪尝胆"。

勾践决定要使越国富强起来，他亲自参加耕种，让夫人也亲自织布，鼓励老百姓发展生产。因为越国遭到亡国的灾难，人口大大减少，他制定奖励生育的制度。他叫文种管理国家大事，叫范蠡训练人马，自己虚心听从别人的意见，救济贫苦的百姓。全国的老百姓都巴不得多为国家做点事，好叫这个受欺压的国家变成强国。

勾践之所以最后能够回到越国，就是因为他善于把握机会，时机一旦成熟就积极行动。

机会无处不在，如果你不知道把握谁也帮不了你。创业的过程中，有时候一个小小的机会也可能是给你带来百万千万元利润的商机。生活当中，只要善于发现，任何时候都有可能找到创富的机会。机会就在每个人的眼前，就看你能否发现它。

那么，怎样才能看清身边的每一个机会呢?

1. 记住让你好奇的事情

许多机会都会带给人惊奇的感觉，而且常常是有趣的、神奇的和有深刻见解的。在任何时候发现了令自己好奇的事情，都要随时随地记录下来。长此以往，你将会从这些惊奇中发掘出无限的机遇来创造新事物。

2. 记录一些可能实现的事情

想象一些最有可能实现的事情并把它记录下来。想象它会是什么样的呢？我们怎么能够取得更好的效果？想象一下你理想中的商业模式。想象一下你的未来，如果你可以创造你的未来的话。它将会是什么样子的呢？将它记录下来。发掘潜藏在你想象中的机遇。

3. 和喜欢创新的人交往

那些喜欢创新的人通常能够看到所遇到的机会，他们往往具有超强的洞察力。如果你能够多花一些时间在将大量时间花在创造新事物的人的交往上，你将会受益匪浅。同艺术家、创业者、文学创作者、思想家、网站设计师、音乐创作者、市场产品的开发者等，一些从事建设性事业的人交往，他们的创造性思想就会影响你。你要尽可能多花些时间与他们谈谈创造性思想和可行性方案。现代社会信息高度发达，遇见那些有创造性的人以及分享他们具有创造性思想的机会比过去的任何时代都多。无论你在哪儿，只要你能够随时上网，你就可以遇见并且和这些来自世界各地有创造力的人交谈。

4. 突破思维和原有观念的限制

你经常感到自己不是一个有创意的人？你是否会放纵你的好奇心？你是否认为玩弄小零件是在做无聊的琐事呢？你是否会喜欢墨守成规而不敢创新呢？这些受信仰和原有观念束缚的思想只会限制你捕捉机遇的能力，所以确认并且扔掉那些限制你发展的思维吧。

5. 接受一些大胆的提议

如果你对一些大胆的提议的第一反应是抗拒性的，不要急于反对或者发表你的意见和想法。你要等对方把话说完，听听他们是怎么说的。听完他们的整个构思后，再想想他们的意见是否具有可行性。不要因提议有点奇怪或者是遥不可及就立刻将其全盘否决。给自己一点时间，待你的反抗情绪过后，再重新看看该提议；或者先将其搁置一边，待几天你的偏见消除后，再想想提议的可行性。如果你能够在这方面下很大的决心，接受一些非传统的提议，最后会证明，这些提议里面都蕴藏很好的机会。

6. 心存感激

怨恨和自满使你无法看清眼前的机会。心存感激是解除怨恨和自满的一副良药。从你脑中解除怨恨和自满的最好的方法就是对你现在的处境心存感激。感谢上苍赋予你的弱点；感谢上苍赋予你的天赋；感谢上苍赋予你的失败；感谢上苍赋予你的成功。如果你能对所有的事情都心存感激甚至包括那些曾经犯过的错误，这样你就可以把原本不好的事物看作是帮你走向成功的机遇。

法则八：牢牢坚守你的目标，坚定创富的信念

改革开放以来，创富成为人们热衷的事情，特别是很多刚从大学毕业的年轻人，更是对创富充满热情。他们总是希望自己尽快干出一番惊天动地的事业，于是信心满满地走上了创富之路。然而，创富并不是那么容易的事情，很多人纷纷败下阵来。最后，只有那些牢牢守住自己的目标、创富信念坚定的人成功了。

理想信念是一个人的精神支柱，有了这个精神支柱，就有了追求的目标，就有了前行的动力；没有这个精神支柱，就会"缺钙"，就会得"软骨病"，就会陷入迷茫空虚，甚至会步入歧途。在创富的路上也是如此，

如果你的信念不坚定，你的目标就很难实现。

坚定的信念，是对创富者的基本要求。坚定的信念不仅体现在思想上，更要落实在行动上，做到"不忘初心"。

生活就像航海，只有意志坚强的人才能到达生命的彼岸。因为取得成就时坚持不懈，要比遭到失败时顽强不屈更重要。

坚定的信念是一个人的世界观、人生观和价值观的集中体现。目标是人生的方向和前进的灯塔。人生一旦确立了目标，就有了正确的方向和强大的精神支柱，就会有"富贵不能淫，贫贱不能移，威武不能屈"的意志。有的人在创业路上畏缩不前，在困难面前悲观失望，在诱惑面前不能止步，说到底，还是因为没有坚定的创富信念。

我们常说要确立目标，这是因为一个没有目标的人，就没有信念和追求，活着只是吃饭、睡觉，工作只是当一天和尚撞一天钟，得过且过。有些人，虽然有目标，但是目标就是围着"钱"转，一切听"钱"指挥，在物质利益面前很容易就放弃了自己的信念。于是舍"义"取"利"，对自己有利的事就冲在前面，对自己无利的事则躲得老远。殊不知，不讲理想信念，只讲实惠，就会失去奋斗的目标。

在创业的路上，我们树立了目标就要像鳄鱼咬住了猎物，决不会松口，不能全部吞掉，也要扯下一大块肉来。无数创业成功的人都有一个共同点，那就是一旦认准了目标，就会坚定不移地走下去。

在创富的路上也有很多人被"不可能"三个字吓倒，听到别人说他的目标不可能实现，就放弃了。

东汉末年，神医华佗深得老百姓爱戴，这引起了东汉朝廷的注意。朝廷举华佗为"孝廉"。通常被举为孝廉的人，都出身名门贵族。像华佗这样的平民百姓能够被举为孝廉，实在是难得。

乡亲们得知华佗被举为孝廉时，不禁喜忧参半。喜的是华佗可以做官了，可以了却父母的心愿，光宗耀祖了；忧的是如果华佗做了官，谁来为乡亲们看病呢？

可是很多天过去了，却不见华佗有丝毫离开的意思。"难道消息是假的吗？"有乡亲问华佗。

"不，是真的。"华佗说，"但我拒绝了。举孝廉，对那些不学无术的纨绔子弟来说，也许是做官发财的阶梯，但对我来说，只不过是一个虚名罢了，哪里有我为乡亲们治病更有意义呢！"

又过了几年，华佗又得到了一次做官的机会。而这次不再是徒有虚名的"孝廉"，而是来自都城洛阳太尉府的征辟信，只要应征到都城的太尉府，马上就可以成为朝廷的正式官员。这次乡亲们仍然舍不得华佗走，但他们还是打心眼儿里为华佗高兴。

"这回你可不能再拒绝了。"有乡亲说，"这可是真正的官，你会有府邸、奴仆、家丁，有权有势……总而言之，好处多着呢！吃了这么多年苦，你也该享受一下了。"

"是啊，别再拒绝了，你父亲临终时最大的心愿就是希望你能做官，为华家光宗耀祖，你可别再让他失望了。"

华佗笑着摇了摇头，说道："谢谢乡亲们的好意，但我还是决定不做这个官。做官不适合我。况且，我最擅长的是医术，如果周旋于官场，那便是民间少了位良医，官场多了个庸才，于国于民都不是件好事。至于光宗耀祖，我多救几条性命不是更有意义、更对得起华家的列祖列宗吗？"

于是，华佗再次拒绝入朝做官，坚持做一个平民百姓，钻研医术，救死扶伤。

华佗相信自己能够成为一位良医，所以"不可能"三个字只会吓倒一些碌碌无为的人，吓不倒他。真正的强者是不会畏惧他人的看法的。目标到底能不能实现，关键在于我们自己，你认为可能它就可能，你认为不可能它就不可能。

一个人要想牢牢坚守目标，坚定创富的信念，在创富的过程当中，还要耐得住寂寞，甘于辛苦付出。

普通人的特点是害怕吃苦，稍感困难马上放手；看见别人匆匆忙忙地追名逐利，马上怀疑自己走错了路，急忙跟在别人后面走。但富人都知道，天下的财富没有轻轻松松、舒舒服服让你获得的。我们凡事经过一番苦心的追求，才能真正了解其中的奥秘而有所收获。而且，追求任何目标，都要付出"机会成本"，你想抓住这个机会，只能眼看着其他机会擦肩而过。无论别人活得多么"热闹"，你都要静下心来，独守自己的寂寞。

成功需要行动。一件事情，如果你不去做，永远不知道结果是什么。老子《道德经》云："行百里者半九十。"穷人和富人在创富之初几乎没有差别，如同一所大学、同一个班级毕业的学生，他们创富之初的条件差不多。差距出现在创富路上，当前途曲折，希望渺茫时，有的人颓然放弃，有的人继续坚持，于是差距产生了。富人总是那些坚持到底的人。

　　鲁迅生于 1881 年 9 月 25 日，他家是绍兴城内都昌坊口一个破落的士大夫家庭。鲁迅原名周树人，他是中国现代著名的文学家、思想家和革命家。

　　鲁迅小时候不但聪明，学习也非常勤奋，三味书屋是清末绍兴城里的一所著名的私塾，鲁迅 12 岁时到三味书屋跟随寿镜吾老师学习，在那里攻读诗书近 5 年。鲁迅的座位，在书房的东北角，他使用的是一张硬木书桌。现在这张木桌还放在鲁迅纪念馆里。

鲁迅13岁时，他的祖父因科场案被逮捕入狱，父亲长期患病，家里越来越穷，他经常到当铺卖掉家里值钱的东西，然后再在药店给父亲买药。有一次，父亲病重，鲁迅一大早就去当铺和药店，到教室时老师已经开始上课了。老师看到他迟到了，就生气地说："十几岁的学生，还睡懒觉，上课迟到。下次再迟到就别来了。"

鲁迅听了，点点头，没有辩解，低着头默默回到自己的座位上。

第二天，他早早来到学校，在书桌右上角用刀刻了一个"早"字，心里暗暗地许下诺言：以后一定要早起，不能再迟到了。

以后的日子里，父亲的病更重了，鲁迅更频繁地到当铺去卖东西，然后到药店去买药，家里很多活儿都落在了鲁迅的肩上。他每天天不亮就早早起床，料理好家里的事情，然后再到当铺和药店，之后又急急忙忙地跑到私塾去上课。虽然家里的负担很重，可是他再也没有迟到过。

在那些艰苦的日子里，每当他气喘吁吁地准时跑进私塾，看到课桌上的"早"字，他都会觉得开心，心想："我又一次战胜了困难，又一次实现了自己的诺言。我一定加倍努力，做一个信守诺言的人。"

后来鲁迅的父亲去世了，鲁迅继续在三味书屋读书，私塾里的寿镜吾老师是一位正直、质朴和博学的人。老师的为人和治学精神，以及那个曾经给鲁迅留下深刻记忆的三味书屋和那个刻着"早"字的课桌，一直激励着鲁迅在人生路上继续前进。

鲁迅18岁那年考入免费的江南水师学堂；后来又公费到日本留学，学习西医。1906年鲁迅又放弃了医学，开始从事文学创作，先后在北京大学、北京师范大学等学校教过书，成为中国新文学运动的倡导者。鲁迅是中国文坛的一位巨人，他的著作全部收入《鲁迅全集》，被译成50多种文字广泛地在世界各国传播。

很多人追求成功创富的秘诀，其实创富没有捷径可走，只不过是认准目标，信念坚定地走下去而已。只要你做事情肯像鲁迅一样坚持，奇迹就会发生。

当然，很多人创富不成功的原因是目标散乱。没有一个清晰的目标，做事情时就会心存疑虑，不知是否应该付出全部努力。你首先要为自己找到一个创富目标；其次，还要养成一个习惯——可以不做的事干脆不要动手，一旦决定了要做，就全力以赴，直到做好为止。《大学》说："定而后能静；静而后能安；安而后能虑；虑而后能得。"你的创富目标确定了，拿定了主意，就不要再左顾右盼，心猿意马，坚持做下去就会成功。

法则九：让自己足够富有，才能更好地帮助别人

助人为乐是我们的传统美德，也是一个人道德的闪光点。

助人为乐的人总是会无私地帮助他人，救人于危难当中，并且从中获得快乐，感受到人生价值的所在。古今中外有很多助人为乐、成人之美的例子，也有很多助人为乐的名言，例如："君子贵人贱己，先人而后己""专趋人之急，甚己之私""忽己之慢，成人之美""悯济人穷，虽分文升合亦是福田；乐与人善，即只字片言皆为良药"等。孟子评说墨子："摩顶放踵利天下，为之。"这句话的意思是对别人有利的事，即使从头顶到脚跟都受到损伤，也要干。

助人为乐自然是好事，但是助人需要有助人的资本，只有你能够让自己足够富有，你才能更好地帮助别人。

春秋末期的著名政治家、军事家、经济学家，被后人尊称"商圣"的

范蠡，就是让自己足够富有，然后帮助他人的最好例子。

范蠡是中国道商的创始人，曾是越国著名谋臣。因为认识到勾践只可同患难，不可共富贵，所以弃越奔齐，经商三聚三散，富甲天下。他年轻时曾拜计然（又名辛文子），即《通玄真经》（《文子》）一书的作者为师，研习治国、治军方策。

范蠡三次迁徙，《太平广记·神仙传》有老子"在越为范蠡，在齐为鸱夷子，在吴为陶朱公"一说。史学家司马迁称："范蠡三迁皆有荣名。"史书中有语概括其平生："与时逐而不责于人""忠以为国；智以保身；商以致富，成名天下"。灭吴后，范蠡向勾践提出了自己隐退的想法。勾践极力挽留，并威胁他说，如果坚持要走的话，就会杀掉他及其妻子。但范蠡并不动摇，决然地走了。

范蠡辗转来到齐国，变姓名为鸱夷子皮，在海边结庐而居。戮力耕作，兼营副业（捕鱼、晒盐），很快积累了数千万家产。范蠡仗义疏财，施善乡梓，他的贤明能干被齐人赏识，齐王把他请进国都临淄，拜为主持政务的相国。他喟然感叹："居官至于卿相，治家能致千金；对于一个白手起家的布衣来讲，已经到了极点。久受尊名，恐怕不是吉祥的征兆。"于是，才三年，他再次急流勇退，向齐王归还了相印，散尽家财给好友和老乡。一身布衣，范蠡第三次迁徙至陶（今山东肥城陶山，或山东定陶），在这个居于"天下之中"（陶地东邻齐、鲁；西接秦、郑；北通晋、燕；南连楚、越）的最佳经商之地，操计然之术（根据时节、气候、民情、风俗等，人弃我取、人取我予，顺其自然、待机而动）以治产，没出几年，经商积资又成巨富，遂自号陶朱公，当地民众皆尊陶朱公为财神，乃我国儒商之鼻祖。

　　注意选择经商环境，把握有利时机，运用市场规律，做事有准备，不盲目。据时而动，得失均衡。范蠡关于把握时机的全面论述很有现代价值。他的待乏原则实际上是要求经营者站在时机的面前，超时以待，就像以网张鱼须迎之方能获猎。"知斗则修备，时用则知物，二者形则万货之情可得而观已。"知道要打仗，所以要从各方面做好准备，知道货物何时需用，才懂得货物的价值。只有把时和用这两者的关系搞清楚了，那么各种货物的供需情况和行情才能看得清楚。抓住现时得时无怠，因为时不再来，天予不取，反为之灾。然后是从时而追。处于这种境况要讲究一个"快"字，指出从时者，犹救火，追亡人。销售理论，贵出贱取。贵山如粪土，当商品价格涨到最高点时，要果断出手。贵上极则反贱。贱取如珠玉，当商品价格跌落到最低点，要像珠玉一样买进，贱下极则反贵。三八价格，农末俱利。范蠡以为"夫粜，二十病农，九十病末，末病则财不出，农病则草不辟矣。上不过八十，下不减三十，则农末俱利"。商人的利益受到损害，就不会经营粮食商品；农民的利益受到损害，就不会去发展农业生产。商人与农民同时受害，就会影响国家的财政收入。最好的办法就是由政府把粮食价格控制在八十和三十之间，这样农民和商人就可以同时获利。积着理论："积着之理，务完物，无息币。以物相贸，易腐败而食之货勿留，无敢居贵。"要合理地贮存商品，加速资金周转，保证货物质量。薄利多销。范蠡主张逐十一之利，薄利多销，不求暴利，这种非常人性化的主张，符合中国传统思想中经商求诚信、求义的原则。范蠡"富好行其德"，是因为他意识到物聚必散，天道使然。

范蠡不贪图高官厚禄，也不吝啬经商所得的巨额财富，他一生获得的财富惊人，但是他都仗义疏财，分给了身边需要帮助的人。范蠡之所以能够帮助别人，是因为他懂得经商之道，能够让自己先创富，等自己足够富有了之后才有能力帮助他人。

那么，我们怎样才能让自己足够富有，更好地帮助别人呢？

1. 不要在乎出身

有的人认为自己出身贫寒是没有资本创富的，其实这个观点早已经被无数白手起家的富翁们否定了。一个人能否创富和出身没有关系。先天条件是我们无法改变的，但是我们可以通过后天的努力做很多事情。只要树立了正确的财富目标，然后付出努力，你就能够创富成功。

2. 掌握创富的策略和两个必备条件

创富的策略简单地说就是，你要有一个清晰的创富目标和通往目标的思路，而且这个思路越清晰，成功的可能性就越大。创富的两个必备条件，一个是自我情绪控制的能力，做事的大忌是意气用事，这会导致很多事情失败；另一个是执行力，要坚定自己的目标不动摇，遇到挫折不能半途而废，高效地按照计划去执行。

3. 不断追求更高

在创富成功的时候，不但不要停止创富的脚步，还要向更高峰挺进。有人想开店，有人想成立企业，但是要问到店开起来、企业建立了，赚钱之后呢？赚钱之后要干什么？要怎么发展？很多人对这些问题没有仔细思考过。其实在创业之初，你就应该把这些问题想清楚。这样才有利于你向更高的层次发展，获得更多的财富。

4. 忘我的奉献精神

帮助他人需要具有忘我的精神，并贯穿在创富的过程当中，作为创富的目的之一。当别人遇到风险的时候，要先替他人着想。忘我的奉献精神自古有之，《三国志·蜀书·许靖传》中有句名言："每有患急，常先人后己。"它要求人们，临危不惧，见义勇为。《世说新语》上记载着这样一则故事：

蔺相如是春秋战国时期赵国的大臣，他很有见识和才能。在"完璧归赵""渑池相会"两次外交之中，捍卫了赵国的尊严，地位在名将廉颇之上。这使廉颇很不服气，他对别人说："我廉颇攻无不克，战无不胜，为赵国立下了赫赫战功。蔺相如不过是凭一张嘴巴说说而已，有什么了不起，反而爬到我的头上。一定要侮辱他一番。"蔺相如听说后，尽量不跟廉颇会面，每次出门，避开廉颇，有时甚至装病不去上朝。有一次蔺相如外出，远远看见廉颇的车马迎面而来，连忙叫车夫绕小路而行。

蔺相如手下的人对他这样卑躬让步的做法感到委屈，纷纷要求告辞还乡。蔺相如执意挽留，并耐心地向他们解释说："诸位认为廉将军和秦王相比，哪个厉害？"众人都说："当然廉将军不及秦王了。"蔺相如说："对啦，天下的诸侯都怕秦王，可是为了赵国，我敢在秦国的朝廷上斥责他，怎么会见到廉将军反倒害怕了呢？你们的心情我是理解的，可是，你们想过没有，强大的秦国之所以不敢攻打赵国，就是因为赵国有我和廉将军两人的缘故。如果两虎相斗，势必两败俱伤。我不计个人恩怨，处处让着廉将军，是从国家的利益着想啊。"听了这番话，大家都消了气，打消了告辞还乡的念头，反而更加尊敬蔺相如了。

后来，有人把蔺相如的话告诉了廉颇，廉颇大为感动，惭愧万分，觉得自己心胸竟然如此狭窄，实在对不起蔺相如，决心当面请罪。一天，他脱下战袍，赤身背着荆条，来到蔺相如的府第，跪在地上，老泪纵横，泣不成声地对蔺相如说："我是一个鄙陋的粗人，见识浅薄，气量短小，没想到您对我竟这么宽宏大量，我实在无脸见您，请您用力责打我吧！就是把我打死了，我也心甘情愿。"蔺相如见到这情景，急忙扶起廉颇，两人紧紧地抱在一起。从此两人消除了隔阂，加强了团结，同心协力，保卫赵国，强大的秦国更加不敢轻易侵犯赵国了。

蔺相如之所以能够做到不计较个人得失，是因为他知道和自己的国家强大比起来，自己的得失算不了什么。只有使自己的国家强大起来，才能帮助到更多的老百姓。

现在有些人也有助人之心，往往是因为计较太多而没有付诸行动。在帮助别人的时候，不能只考虑自己的利益，要有忘我的精神，帮人就要帮到底。

5. 救人于危难

我们见人遇到灾难时，要排他人之忧。你如果能把为别人排忧解难作为自己的职责，就会获得人生最大的快乐。因为你帮助别人的越多，你获得的快乐就会越大。在别人处于危难之际，能够慷慨解囊，更是难能可贵。

总之，做到以上几个方面，你就能够成功创富，你就会积累足够多的财富。有了财富之后，才能在想要帮助别人的时候不受物质的困扰。

法则十：互惠才能实现互利，不以任何理由强迫他人

列夫·托尔斯泰说："一个人给予别人的东西越少，而自己要求得越多，他就越坏。"我们在创富的过程中，想让别人（共事者）得到得少，自己得到得多，这是一种不道德的行为。在创富的过程中，只有与人互惠才能互利。不以任何理由强迫别人为你付出更多，你才能够获得更多的合作机会，获取更多的财富。

孟子是战国时期的大思想家、教育家。孟子从小丧父，全靠母亲一人日夜纺纱织布挑起生活重担。孟母是个勤劳而有见识的妇女，她希望自己的儿子读书上进，早日成才。

一次，孟母看到孟子在跟邻居家的小孩儿打架，孟母觉得这里的环境不好，于是搬家了。

有一天，孟母看见邻居铁匠家里支着个大炉子，几个满身油污的铁匠师傅在打铁。孟子呢，正在院子的角落里用砖块做铁砧，用木棍做铁锤，模仿着铁匠师傅的动作，玩得正起劲儿呢！孟母一想，这里环境还是不好，于是又搬了家。

这次孟母搬家到了荒郊野外。一天，孟子看到一些穿着孝服的送葬队伍，哭哭啼啼地抬着棺材来到坟地，几个精壮小伙了用锄头挖出墓穴，把棺材埋了。他觉得挺好玩，就模仿着他们的动作，也用树枝挖开地面，认认真真地把一根小树枝当作死人埋了下去。直到孟母找来，才把他拉回了家。

　　孟母觉得这种生活环境还是不好，于是再一次搬家。这次的家隔壁是一所学堂，有个胡子花白的老师教着一群大大小小的学生。老师每天摇头晃脑地领着学生念书，那声音就像唱歌，调皮的孟子也跟着摇头晃脑地念了起来。孟母以为儿子喜欢念书了，高兴得很，就把孟子送去上学。

　　可是有一天，孟子逃学了。孟母知道后伤透了心。等孟子玩够了回来，孟母把他叫到身边，说："你贪玩逃学不读书，就像剪断了的布一样，织不成布；织不成布，就没有衣服穿；不好好读书，你就永远成不了人才。"说着，抄起剪刀，"哗"地把织机上将要织好的布全剪断了。

　　孟子吓得愣住了。这一次，他心里真正受到了震动。他认真地思考了很久，终于明白了道理，从此专心读起书来。由于他天资聪明，后来又专门跟孔子的孙子子思学习，终于成了儒家学说的主要代表人物。

孟母为了让孩子在好的环境中受益，所以不断地搬家。在你感觉到自己的生活环境差的时候，如果想要让别人为你改变那是不可能的，只能自己想方法改变。在创富的过程中，你如果不能给别人利益，而强迫别人给你带来财富那也是不可能的。

经济学总讲"正和博弈"，就是指合作双方或多方利益均沾，都获得期望中的利益，而没有使任何一方受到损害，是一种互利多赢的博弈。在创富的过程中，就是要与合作方互惠，才能实现互利。千万不要企图强迫对方退让，自己独享利益，那样结果只能是失败。

　　燕昭王立志使燕国强大起来，下决心选拔治国的人才，可是没找到合适的人。有人提醒他，老臣郭隗挺有见识，不如去找他商量一下。

燕昭王亲自登门拜访郭隗，对郭隗说："齐国趁我们国家内乱侵略我们，这个耻辱我是忘不了的。但是现在燕国国力弱小，还不能报这个仇。要是有个贤人来帮助我报仇雪耻，我宁愿伺候他。您能不能推荐这样的人呢?"

郭隗摸了摸自己的胡子，沉思了一下说："要推荐现成的人才，我也说不上，请允许我先说个故事吧。"接着，他就说了个故事。

古时候，有个国君，最爱千里马。他派人到处寻找，找了三年都没找到。有个侍臣打听到远处某个地方有一匹名贵的千里马，就跟国君说，只要给他一千两金子，准能把千里马买回来。那个国君挺高兴，就派侍臣带了一千两金子去买。没料到侍臣到了那里，千里马已经病死了。侍臣想，空着双手回去不好交代，就把带去的金子拿出一半，把马骨买了回来。

侍臣把马骨献给国君，国君大发雷霆，说："我要你买的是活马，谁叫你花了钱把没用的马骨买回来?"侍臣不慌不忙地说："人家听说您肯花钱买死马，还怕没有人把活马送上来吗?"

国君半信半疑，也不再责备侍臣。这个消息一传开，大家都认为那位国君真爱惜千里马。不出一年，果然从四面八方送来了好几匹千里马。

郭隗说完这个故事，说："大王一定要征求贤才，就不妨把我当马骨来试一试吧。"

燕昭王听了大受启发，回去以后，马上派人造了一座很精致的房子给郭隗住，还拜郭隗为老师。各国有才干的人听到燕昭王这样真心实意招纳人才，纷纷赶到燕国来求见。其中最出名的是赵国人乐毅。燕昭王拜乐毅为亚卿，请他整顿国政，训练兵马，燕国果然一天天强大起来。

这时候，燕昭王看到齐闵王骄横自大，不得人心，就对乐毅说："现在齐王无道，正是我们雪耻的时候，我打算发动全国人马去打齐国，你看怎么样？"

乐毅说："齐国地广人多，靠我们一个国家去打，恐怕不行。大王要攻打齐国，一定要跟别的国家联合起来。"

燕昭王就派乐毅到赵国跟赵惠文王会面，另派人跟韩、魏两国取得联系，还叫赵国去联络秦国。这些国家看不惯齐国的霸道，都愿意跟燕国一起发兵。

公元前284年，燕昭王拜乐毅为上将军，统率五国兵马，浩浩荡荡杀奔齐国。

齐闵王听说五国联军打过来，也着了慌，把全国兵马集中起来抵抗联军，在济水的西面打了一仗。由于乐毅善于指挥，五国人马士气旺盛，把齐国军队打得一败涂地，齐闵王逃回临淄去了。

赵、韩、秦、魏的将士打了胜仗，各自占领了齐国的几座城，不想再打下去了。只有乐毅不肯罢休，他亲自率领燕国军队，长驱直入，一直打下了齐国都城临淄。齐闵王不得不出走，最后在莒城被人杀死。

燕昭王认为乐毅立了大功，亲自到济水边犒劳军队，论功行赏，封乐毅为昌国君。

古代各国战争，讲互惠互利，只有各方都能够得到好处，才能一起谋事。在创富的过程中，也要学会与他人合作，取长补短，相携共进，才能实现双赢。

互惠才能共赢的故事有很多，锁与钥匙的故事也是说的这个道理。

　　锁和钥匙是好朋友，一天夜深人静，锁叫醒了钥匙并对钥匙埋怨道："我每天辛辛苦苦为主人看守家门，而主人喜欢的却是你，总是每天把你带在身边，真羡慕你啊！"

　　但是钥匙对自己的生活也颇为不满："你每天待在家里，舒舒服服的，多安逸啊！我每天跟着主人，日晒雨淋的，多辛苦啊！我真的厌倦了，我更羡慕的是你！"

　　一次，钥匙也想过一过锁那种安逸的生活，于是把自己偷偷藏了起来。主人出门后回家，不见了开锁的钥匙，一番折腾后，主人一气之下，把锁给砸了，并顺手把锁扔进了垃圾堆里。主人进屋后，找到了那把钥匙，气愤地说："锁也砸了，现在留着你还有什么用呢？"说完，把钥匙也扔进了垃圾堆里。

　　在垃圾堆里相遇的锁和钥匙，不由得感叹起来："今天我们落得如此可悲的下场，都是因为我们在过去的岗位上，不是相互配合，相互支持与合作，也没有看到对方的价值与付出，而是这山望着那山高，彼此斤斤计较，相互妒忌！"

这个故事说明，很多时候人与人之间不是合作的关系，而是互相扯皮、争斗，这样做的后果只有两败俱伤。人与人之间只有相互配合、相互团结、相互支持、相互欣赏、相互信任、相互珍惜，才能合作共赢。

例子无须更多，究竟我们怎样才能做到互惠互利呢？

1. 坚持平等自愿的原则

《劳动合同法》对平等自愿原则进行了规定。合同法的平等原则指的是当事人的民事法律地位平等，一方不得将自己的意志强加给另一方。平等原则是民事法律的基本原则，是区别行政法律、刑事法律的重要特征，也是合同法其他原则赖以存在的基础。合同法的自愿原则，既表现在当事人之间，因一方欺诈、胁迫订立的合同无效或者可以撤销，也表现在合同当事人与其他人之间，任何单位和个人不得非法干预。自愿原则是法律赋予的，同时也受到其他法律规定的限制，是在法律规定范围内的"自愿"。

在与人合作的过程中，只有坚持劳动合同法中的平等自愿原则，才能使双方的合法权益不受侵害，从而实现互惠共赢。

2. 给予对方优惠待遇

国与国之间的贸易往来实行的是最惠国待遇，个人之间的合作也应该给予对方优惠待遇。在强调合作方权利与义务综合平衡的基础上，任一方在享受对方提供的优惠待遇时，必须给对方平等的优惠待遇。

3. 公平原则

公平是任何合作能够成功的重要的原则。所谓公平就是明确双方的权利义务，互不设有隐瞒条件。公平是双方或者多方进行合作的灵魂，是衡量合作是否有序进行的试金石。公平合作原则一旦受到破坏，各种矛盾就会纷纷涌现。

法则十一：做自己喜欢的事并关注伟大和高贵的事

有人说人生最大的幸福就是和自己爱的人一起生活，从事一项自己喜欢的工作。如此便能上班时做着自己喜欢的工作，下班后的时光和自己喜欢的人一起度过。一天24小时总是做着自己喜欢的事情确实幸福，但是能够这么幸运的人毕竟是少数。有人调侃说："上班的心情比上坟还沉重"，如此这般又怎么能把工作做好呢？

我们从小时候受到的教育就是：你应该听话，父母才喜欢你；你应该按照老师说的去做，老师才喜欢你。于是我们失去了个性，变成了别人希望的样子。越长大越觉得做自己很难，做别人喜欢的人更难。这是个难以保持本性的社会，许多人为了迎合某些人的胃口，故意隐藏锋芒，随波逐流，如此小心谨慎地生活着还有什么意义呢？

东晋大诗人陶渊明喜欢耕种，他非常好学，每天除了种菜，就是专心读书，所以写出的诗词歌赋很有名气。当地的一个姓王的知县也是一个诗词爱好者，他知道陶渊明虽然年纪轻轻，但是很有名望，于是就想试试他的学识如何。一天，陶渊明正在自己的菜园里种菜，王知县走了进来，陶渊明出于礼貌，连忙起来招呼，王知县眯起双眼，打量着陶渊明，说："你就是名叫陶潜的吗？"陶渊明忙说："小人正是！"

王知县坐下，右手摸着嘴边的八字胡，欣赏了一下陶渊明桌上所写的字，忽然对陶渊明说："我听人说你能写诗作对，我来见识一下，现在我出个对子，请你对对，好吗？"陶渊明笑着说："请大人出上联吧！"

王知县看了看四周，看到菜园里种有一畦向日葵，这些葵花刚刚开放，于是灵机一动，有了，他随口道出上联：雏葵俯枝，小脸盘可识地理？陶渊明一听，知道这官员话中含有不信任的蔑视，表面说的是雏葵，实际上是暗中问自己，你这么年轻，能熟识田园里耕作之事吗？于是他略为思考，看见庭前的荷塘里，新出鲜红的荷苞，于是就想出了巧妙的下联：新苞出土，大朱笔熟点天文！

陶渊明的下联也是话中有话，他的意思表面是说荷苞，实际是说自己，意思是我虽然被埋在污泥里，但是一旦出土，就能点天文地理。王知县看了，暗中惊叹陶渊明的才思敏捷，但是还是不甘示弱，又出上联，联曰：小孩子出言吞天口。这一联除了说陶渊明刚才的口气太大之外，用字上还有非常巧妙之处，因为"吞"是由"天、口"两字组成，这样是非常难对的。陶渊明想了想，随即对出下联，联曰：老大人苦究志士心。

这下联，陶渊明除了表明自己不是口气大，而是靠苦学而成才外，他还用字巧妙，因"志"字是由"士、心"两字组成。正巧工整对上"吞天口"的"吞"字，知县这才知道陶渊明果然很有学问，又立志苦学，不禁肃然起敬，连连赞叹道："小兄弟果然聪明过人，又有志气，佩服！佩服！"

陶渊明见他的态度有所改变，就谦虚诚恳地说："还请大人日后多多指点！"说罢又拿过自己的习作，请知县指教。王知县看后，对陶渊明更加赞赏，从此两人成了好朋友。

所以，我们一定要"扬长"，应该做自己喜欢的事情（不违规违法），不能因为一些社会因素而对一些事趋之若鹜或者避之不及。大人如此，孩子也不例外，一定要做自己喜欢的事情。在自己不喜欢的事情上面坚持，最后不会收获成功。只有做自己喜欢的事情，才能发挥自己的潜能，做出成绩来。而且，人只有做自己想做的事，才能从中得到快乐，能快乐地活着应该是绝大多数人所追求的吧。

人生是一个不断成长的过程，而人们都认为成长是一个不断地绝处逢生和柳暗花明的过程。在这一过程中，有一种奇异的能量，那就是快乐。拥有了快乐的能量，我们就会拥有战胜困难和挫折的勇气。

无论做什么事情都是这个道理，做自己喜欢的事情才能带给自己乐趣，所得到的物质回报只不过是附加值而已。如果你现在正在做自己喜欢的事情，无论报酬怎样都要坚持下去，付出就一定会有回报，千万不要因为一时的困难而放弃了自己的所爱。

无论是在生活或是工作中都应该做自己喜欢的事情。做每件事情都难免会碰到困难，喜欢就克服困难做下去，不喜欢就赶紧放弃，不要把大好的时光白白浪费。

每个人都做自己想做的事情，做自己喜欢的事情，才能做出成绩。

郑板桥是清朝扬州"八怪"之一，他从小就酷爱书法，古代著名书法家的各种书体他都临摹，经过一番苦练，终于和前人写得几乎一模一样，能够乱真了。但是大家对他的字并不怎么欣赏，他自己也很着急，比以前学得更加勤奋，练得更加刻苦了。

一个夏天的晚上，他和妻子坐在外面乘凉，他用手指在自己的大腿上写起字来，写着写着，就写到他妻子身上去了。他妻子生气地把他的手打了一下说："你有你的体（身体），我有我的体，为什么不写自己的体，写别人的体？"晚上睡觉时，郑板桥想到：各人有各人的身体，写字也各有各的字体，本来就不一样嘛！我为什么老是学别人的字体，而不走自己的路，写自己的体呢？即使学得和别人一样，也不过是别人的字体，没有创新，没有自己的风格，又有什么意思？从此，他取各家之长，融会贯通，以隶书与篆、草、行、楷相杂，用作画的方法写字，终于形成了雅俗共赏、受人喜爱的"六分半书"，也就是人们常说的"乱石铺街体"。他也成了清代享有盛誉的著名书画家。

每个人都有自己的特色，没有必要去羡慕别人。做人应该像郑板桥练字一样，找到自己的风格，坚持走自己的路。

在工作当中一个人是否喜欢自己所从事的工作，和他的性格、做事能力以及专业知识有着很大的关系。一个人所从事的工作，就是他人生的部分表现。而一生的职业，就是他志向的表现、理想的所在。所以，了解一个人的工作，在一定程度上就是了解了这个人。

如果一个人不喜欢自己的工作，而且总是迫于无奈地应付了事，那么他绝不会做出成绩。如果一个人认为他的工作枯燥、烦闷，那么他绝对不能胜任这份工作，更别说发挥他的特长了。有很多人工作只是为了混口饭吃，不尊重自己的工作，不把自己的工作看成创造事业的要素、发展人格的工具，这是一种错误的观念。所以要做就做自己喜欢的事，不喜欢就不要选择。

做自己喜欢的事情，并不是说只把自己关在自己的小圈子里，而不去关注伟大和高贵的事情。古语说："天下兴亡，匹夫有责。"当然涉及国家兴亡的事情没有那么多，这句话还告诉我们，个人除了承担小责任之外，还要关注一下社稷民生的大问题。

有对联曰："风声雨声读书声，声声入耳；家事国事天下事，事事关心。"我们为什么要关心国家大事呢？先有国而后有家，关心国家大事是每个公民应该尽的责任。我们要养成关注大事的习惯，尤其是一些国际大事；个人或者集体要想有良好的发展就必须关注国际形势，不要以为这些伟大和高贵的事情与小老百姓无关。

关注国际大事，我们平时要养成关注国际新闻的习惯。一些企业家在金融危机、次贷危机、亚洲金融危机、欧债危机等来临之前就已经预见到了，这和他们平时关注国际大事有关。

经常关注国际新闻的人，能够清晰地理解一些事件会引起哪些连环事件，能把突发事件放在一个合理的分析框架中去分析它将会产生哪些影响。这种本事是靠平时锻炼培养出来的。

磨炼全球视野，不一定是看得越多就觉得自己懂得越多，而是看得越多，越觉得所知有限，从而意识到市场智慧常常经不起事实的考验。人无远虑必有近忧。以开放的心态来观察世界局势的变化，不但实用，而且增长智慧。

法则十二：专注做好眼前的事，　　把自己的能力发挥到极致

一次课上，教授问他的学生们："如果达·芬奇画展失火，假若在画作全部烧毁前你能够抢救一幅画，请问你选择哪幅？"结果，几乎所有学生的回答都是抢救《蒙娜丽莎》那幅画。然而教授却不这么认为，他给出的答案是，离自己最近的画。这个事情告诉我们，当你面临很多选择的时候，最能够把握的就是眼前能做好的事情。

有人说，人生要不断地往前看，也许前面有属于自己的天地，但是"明天"是建立在"今天"的基础之上的，只有努力把握"今天"，才会有"明天"的收获。

白居易退居洛阳的时候，龙门伊阙的河道比较危险，河床不平，时不时有"剑棱"怪石突出水面，有堆积的卵石阻碍水道。来往船只常触石遇险。人称此地为"八节滩"。

白居易经常去龙门香山寺，坐禅听经，自号"香山居士"。他时常见到船公下水推船过滩的事情。特别是寒冬时节，刺骨的顺河风吹着，船夫们赤脚踏碎薄冰，抖着身子弓腰推船前行。诗人为此难过得

落下泪来。有时甚至彻夜难眠，听着船夫们饥寒交加的哀叹声发呆。他想：一定要修好这条水路，为百姓们解除忧苦。

唐武宗会昌四年，已经73岁的白居易碰到朋友悲智僧，说到修水路一事，两人志同道合，便携手实施计划。他俩走乡串户，四方游说，劝有钱的人家出资，劝贫穷的人家出力。筹集的经费不足，白居易不仅拿出了自己的积蓄，还忍痛变卖了心爱的皮袄，卖掉了为朋友元稹写墓志铭时元家赠送的银鞍玉带。八节滩终于修通了，船筏可以畅通无阻。诗人高兴得意气风发，"心中别有欢喜事，开得龙门八节滩。"他还挥笔写下《开龙门八节石滩诗二首》，其中一首道：

七十三翁旦暮身，誓开险路作通津。夜舟过此无倾覆，朝胫从今免苦辛。十里叱滩变河汉，八寒阴狱化阳春。我身虽殁心长在，暗施慈悲与后人。

伊阙险阻变坦途，穷船工世世代代不忘诗人的恩德。在现今的龙门大桥未修以前，河西岸的白姓人过河到琵琶峰为诗人上坟时，只要说声是诗人的后代，船工马上会笑颜迎送，免收船费。

无论你遭遇什么样的处境，无论你多大的年龄，只要你能像白居易一样专注于你想做的事情，付出高效的行动，你就一定能够成功。如果一个人想要兼顾很多事情，可能一件事情也做不好。有些人忙得昏天暗地，这件事情还没有了结，又去盘算那件事情；眼前的工作还没有做好，就惦记着未来的计划，这种急功近利的做法，只能是欲速则不达。与其花费心思去琢磨未来，不如专注于眼前的事情，先把手头的工作做好。

俗话说："人无远虑，必有近忧。"但是，一个人最重要的是做好眼前的事情。如果一个人整天沉浸在对未来的幻想中而不专注于眼前的事情，这岂不是"杞人忧天"？眼前的事情做不好，又何谈以后的事情呢？

专注于眼前的事情，并不是说不做以后的规划。只是在没有未来的计划之前，先专注于眼前的事情，尽最大的努力把眼前的事情做好，把自己的能力发挥到极致，未来的事情也就水到渠成了。

王充是我国东汉初年具有唯物主义思想和批判精神的杰出的思想家。

王充很小的时候就失去了父亲。王充竭尽全力奉养母亲，后来到了京城，进太学学习，拜当时著名的学者班彪做老师。他喜欢广泛地阅读，善于抓关键问题，因而进步很快。

王充读书非常勤奋，理解能力和记忆能力也很强，所以只要读上一遍，就能记住书的主要内容，甚至能够背诵某些精彩的章节。但是，家庭穷困，买不起很多书，为了满足如饥似渴的求知欲，王充想出了一个好办法。当时的洛阳街上有不少书铺，王充便决定把书铺当作他的"图书馆"，每天吃过早饭后，他就带上干粮，到书铺里去阅读出售的书籍。不分春夏秋冬，不论晴天雨天，他读了一册又一册书，跑了一家又一家书铺。就这样，他终于读遍了诸子百家的重要著作，掌握了书中的基本精神。

王充由于出身贫苦，对自然现象和社会现象的认识，基本上是从劳苦人民实际生活的情况出发的。他在读遍了诸子百家的主要著作之后，对某些为统治阶级服务的唯心主义的说教深感不满，下决心给予严厉的批判。于是便集中精力独立思考，着手写书。为了不耽误时间、不打断思路，他在住宅的门上、窗上、炉子上、柱子上甚至厕所里，都安放了笔、纸，想一点，写一点，走到哪里，写到哪里。经过长时期的努力，他终于写成了充满批判精神、闪耀着唯物主义光辉的《论衡》。

王充有远大的志向，他的不屈于贫穷和非凡的毅力，令人敬佩。他不断地读书并能结合生活实际著书立说，他可以说是高效专注于眼前的事情、把自己的能力发挥到极致的代表人物。

我们在创富的过程中也要专注于眼前的事情，善于发挥自己的能动性和创造力，把自己的能力发挥到极致。

要知道，每个阶段有每个阶段的工作重点。在自己负责的工作岗位上形成独当一面的能力，不仅是个人成长进步的基础，更是符合当前人才建设"一专多能"的需要。"耕以后田，荒现在地"，不仅丧失了现阶段积蓄力量的机会，而且容易因缺乏扎实的基础把握不住明天的机遇。

只有用自己的学识，把眼前的一件件具体的事情做好，才能聚沙成塔、集腋成裘，才可以为国家强大做些实事。那么我们怎样才能专注于眼前的事情，把自己的能力发挥到极致呢？

1. 不要攀比

专注于眼前的事情，首先不要有攀比心态。不要看到别人已经成了企业主，自己也放弃目前的工作去创业；不要看到别人薪水高自己薪水低就盲目归责于自己的单位不好，要赶紧跳槽。越是攀比越是不满足，越不满足越不能专注于眼前的工作，把目标定得过高超出了自己的实际能力，目标更是难以实现。

2. 把眼前的事当作重要的大事

做好眼前事，就要把眼前的所有事当作重要的大事情来做。有些人不屑于做眼前事，总以为眼前事是小事，是无关紧要的事，做与不做、做不做好是无所谓的事。觉得自己应该干一些重要的事情，才能成就一番大事业。"合抱之木，生于毫末；九层之台，起于累土；千里之行，始于足下。""一屋不扫何以扫天下?"任何大事都是由小事组成的,小事做不好,大事更难胜任。只有专注于眼前的小事,才能厚积薄发。

3. 借助集体的力量

专注于眼前的事,不能忽视集体的力量。从事一项事业,单枪匹马的力量是有限的,必须依靠团队的力量。一个人埋头苦干比不过集思广益。任何成功的人士都善于借鉴别人成功的经验,吸取他人提出的宝贵意见。因此专注于眼前的事情,在把自己的能力发挥到极致的同时,不妨多听听他人的意见,发挥一下集体的力量。

4. 要有正确的态度

专注于眼前的事,不但需要一定的能力,更需要一种正确的态度。一个人胸怀远大的理想值得称赞,但理想不能脱离实际。把目标理想化,就会浮躁,不顾实际,盲目冒进。

与其留恋过去,不如把握今天,与其担忧未来,不如专注于现在。专注于眼前的事情才是明智之举,才能获得最后的成功。

法则十三:创富中始终心怀感恩,给予即是得到

人性是善良的,善良的人都懂得感恩。在创富的过程中,如果没有他人的帮助与合作,就不会有创富的成功,所以在创富中要始终心怀感恩,感谢那些给你帮助的人。

感恩是我们中华民族的传统美德,只要你懂得感恩,你就会获得他人

的信任，得到他人的拥护和爱戴，如此一来你的创富过程会顺利得多。

先秦商人计然认为，"贵上极则反贱，贱下极则反贵"，主张"贵出如粪土，贱取如珠玉"。司马迁说过，"贪买三元，廉买五元"，就是说贪图重利的商人只能获利 30%，而薄利多销的商人却可获利 50%。《郁离子》中记载：有三个商人在市场上一起经营同一种商品，其中一人降低价格销售，买者甚众，一年时间就发了财，另两人不肯降价销售，结果所获之利远不及前者。汉高祖刘邦的谋士张良，早年师从黄石公时，白天卖剪刀，晚上回来读书，后来他觉得读书时间不够用，就把剪刀分成上、中、下三等，上等的价钱不变，中等的在原价的基础上少一文钱，下等的少两文钱。结果，只用了半天的时间，卖出的剪刀数量就比平日多了两倍，赚的钱比往日多了一倍，读书的时间也比往日多了，所以民间有句谚语：张良卖剪刀——贵贱一样货。

俗话说，一分薄利撑死人，三分厚利饿死人。看来，作为一个智慧的经营者，要注意研究顾客的消费心理，坚持薄利多销，欲擒故纵，学会算大账不计小账，把顾客吸引过来，让顾客尝到一点甜头，得到一些实惠，让他们高兴地把兜里的钱掏出来，才是有大智慧的经营理念。

一些人创富成功的经验告诉我们，让别人得到并不是吃亏的事情，恰恰自己会赚得更多。中国人讲"吃亏是福"是有道理的，因为你的付出早晚都会有收获。如果你急于一时，一次赚好多钱，那么下次别人就不会再和你合作或购买你的东西了。这就是我们常说的"一锤子买卖"。会做生意的人都不做"一锤子买卖"，都会看到长远的利益。

我们怎样对待别人，别人就会怎样对待我们，你心怀感恩，让别人得到的比你得到的多，在适当的时机，别人也会让你得到更多。你越是吝啬，别人对你越吝啬，吝啬的结果是一无所有。

在创富中怎样做才是真正地对自己有益呢？

1. 善于分钱

记得听过某位企业家说过这么一句话："企业家都一门心思想着怎样实现企业的快速扩张及利益最大化，打探着所有能想到的各种赚钱的门路。这样的企业能做好吗？"实践证明这样的企业是做不好的。如果一个老板不肯把赚到的钱分给员工，有几个员工肯卖力工作？如果一个老板不肯让合作方多赢利，每次都是自己赚得比对方多，有几家企业肯与他长期合作？所以作为企业老板要善于分钱，把赚的钱大部分分给别人，这样别人才会更卖力地工作，才会想着再次跟你合作。

一个老板是否善于分钱，这就要看他是否怀有感恩心。一个人即使有三头六臂也不会独自撑起一个企业，企业的发展靠的是大家，所以老板要学会感恩员工。一个企业常常处于一个行业的产业链中，不管你是在产业链的上游还是下游，都少不了和其他企业的合作，合作不顺利就不能赚钱。因此，企业老板要感恩合作方给你的机会，多让对方赚钱，对方才能长期与你合作。

2. 提高产品质量

产品质量是企业的生命，是企业的灵魂。无论是在国内市场，还是在国际市场，产品质量不好，就会失去竞争力。一个企业想做大做强，就必须在增强创新能力的基础上，努力提高产品质量。提高产品质量是市场竞争和企业发展的保证。赢得市场的关键是产品质量，质量是通向市场的通行证。

提高产品质量不但是增强企业竞争力的方法，也是感恩客户，让客户获利的要求。人们购买产品的时候都要看它的性价比。随着市场经济的发展，人们的生活水平不断提高，人们对产品的质量要求也越来越高。如果在同样的价格下，你的产品质量要比竞争对手的产品质量更高，这无疑也是对客户的一种让利方式，也能让客户获得更多的利益。

3. 服务更优

现代营销观念已发展到以满足消费者需求为中心的市场营销观念和大市场营销观念这一阶段。在此阶段，消费者需求成为企业经营和营销活动的一切出发点和落脚点。

随着市场营销组合由"4P"（产品、价格、促销、渠道）扩展到"7P"（产品、价格、促销、渠道、人、有形展示、过程），消费者的服务需求日益增多。这是因为随着人们生活水平的提高，人们不再仅仅追求产品质量，服务也是判断一个产品给自己带来利益多寡的因素。

在现代企业标准化程度增强、差异逐渐消失、附加价值较小的情况下，企业只有通过更优质的服务来寻求更大的差异化，并增加产品的附加值。更优质的服务能够在更大程度上满足顾客和市场的个性化需求。顾客的个性化需求得到了更好的满足，也是让顾客获得更多利益的方式，因此，企业要感恩顾客，让顾客获得更多的利益，可以从提供更优质的服务入手。

法则十四：始终满怀信心，全力以赴成为一个卓越的人

信心对任何人来说都非常重要。学习需要信心，没有信心就学不会知

识；工作需要信心，没有信心任何工作都做不好；生活需要信心，没有信心难以生存。自信是人的精神支柱，也是一个人做事的内在动力。

美国教育家戴尔·卡耐基在调查了很多名人的经历后指出："一个人事业上成功的因素，其中学识和专业技术只占 15%，而良好的心理素质要占 85%。"自信是成功的保证，是相信自己有力量克服困难、实现目标的一种重要的心理素质。

自信心是一种内在的精神力量，它能鼓舞人们克服困难、不断进步。高尔基指出："只有满怀信心的人，才能在任何地方都把自己沉浸在生活中，并实现自己的理想。"战胜逆境最重要的是树立坚定的信心，自信心可以使人不怕困难，集中全部智慧和精力去迎接各种挑战。

有时候我们之所以失败，不是败在我们能力不足，而是败在我们没有自信。"你就是你自己认为的你。"如果你认为自己能够做到，你就真的能够做到；如果你认为自己会失败，你就真的会失败。所以，自信是一种反映个体对自己是否有能力成功地完成某件事情的信任程度的心理特性，是一种积极、有效地表达自我价值、自我尊重、自我理解的意识特征和心理状态。

爱尔兰著名的戏剧家萧伯纳曾经说过："有信心的人，可以化渺小为伟大，化平庸为神奇。"海伦·凯勒也曾经说过："信心是命运的主宰。"一个人如果缺少了自信，在人生的大舞台上就难以施展自己的才华，表现不出自我。有多少人因为缺少自信而失去了创富的机会，有多少人因为缺少自信而不能全力以赴成为一个卓越的人。自信是创富的必要条件，是通向成功的大道。

李四光是我国卓越的地质学家，地质力学的创立人。20 世纪初，美国美孚石油企业曾在我国西部打井找油，结果毫无所获。于是以美国布莱克威尔教授为首的一批西方学者，就断言中国地下无油，中国是一个"贫油的国家"。

年轻的李四光偏不信这个邪：美孚的失败不能断定中国地下无油。他说：我就不信，油，难道只生在西方的地下？在这种强烈的自信心的支配下，他开始了30年的找油生涯。他运用地质沉降理论，相继发现了大庆油田、大港油田、胜利油田、华北油田、江汉油田。他当时还预见西北也有石油。新疆大油田，完全证实了他的预言。

李四光靠自信、自强彻底粉碎了"中国贫油论"。

如果不是李四光具有强大的自信，他不会为我国的油田事业做出巨大的贡献。所以，无论做任何事情遇到任何困难，都不要灰心失望，如果你有战胜困难的信心，说不定奇迹就会发生。

那么，我们怎么做才能始终满怀信心，成为一个卓越的人呢？

1. 心情愉快

一个心情愉快的人，会有良好的精神状态和挑战困难的勇气。据说当一个人轻松愉快的时候，体内就会发生奇妙的变化，从而获得阵阵新的动力和力量。

所以，在创富的路上应该始终保持心情愉快，发挥自己的能动性，消除不良情绪，把一些痛苦、忧愁、烦恼等消极情绪升华转化为积极有益的行动，而不要被这些不良情绪牵着鼻子走。

2. 目标定得略高一些

做任何事情都要有目标，创富更离不开目标做指引。西方谚语说："对于一艘没有航向的船来说，任何方向的风都是没有意义的。"创富没有目标，就像小船失去了航向。虽然随着时间和境遇的变化，你可能对它做一些调整，但是决不能没有。创富成功的第一步，就是要定一个适合的目标。这个目标既不能遥不可即，也不能唾手可得。古训说："欲得其中，必求其上；欲得其上，必求上上。"所以，创富目标要定得适当高一些。

3. 勇于面对困难

创富过程中遇到困难是在所难免的，要把困难看作是历练自己的机会。勇于面对困难，才能一次次战胜困难。每一次战胜困难你的自信就会增加一分。

4. 自我期许，自我鼓励

你相信什么，你就能够做到什么；你认为自己是什么样子的人，你就能成为什么样子的人。这都是自信心让你具有了积极的心态。

风行全球的《超级学习法》说："如果你预演想象，你的生活可以彻底改变。"伦敦大学的罗博·博哈利博士在教弱智孩子学习时说："想一个你认识的很聪明的人，然后闭上双眼，想象你就是那个聪明人。"接下来的测试结果，孩子们的分数显著提高！

为什么会如此神奇呢？因为当你全心全意投入到你的想象中去的时候，大脑的潜意识便分辨不出什么是现实，什么是想象。然后大脑就会按照你在想象时创造的记忆线路，自动下达行动指令，引导你走向你强烈设想的情境。

在创富过程中，如果进行一些富有挑战性的工作，在活动开始之前在心里暗暗提醒自己，沉住气、别紧张，你一定能够顺利完成。这样就能增强自信心，情绪就会冷静，做事就富有条理性，一切就能按照你预想的样子进行。即使遇到一点小挫折，通过自我鼓励，也能从挫折造成的不良情绪中振作起来。

5. 挑战自己

有时候，我们不敢去做一件事，是因为我们太过于追求完美，害怕失败而不敢去做没有把握的事情。其实，这是不自信的表现。因为没有信心，所以才会胆怯。

凡事都需要大胆地去尝试，不尝试永远不知道对错。尽管去做，不要害怕犯错，错误是给自己成长的机会，怕摔跤永远学不会走路。更不要沉浸在过去的错误中，也不要耽溺于未来，而要脚踏实地，做好今天的事情。

不断挑战自己，既不让自己沉醉于已取得的成绩，也不畏惧明天的艰险。具有这种心态，才能取得创富的成功。

法则十五：创富从付出开始

巴金说："生命的意义在于付出，在于给予，而不是在于接受，也不是在于争取。"没有付出就没有收获，无论做什么事情都要先付出而后才有收获。古往今来，无论是智者贤人，还是普通百姓，要想成功都要先付出。在取得之前，也要先学会付出；在得到之后，要考虑到别人也许有同样的需求。林伟贤老师说过一句话：人生是算总账的过程，不要计较眼前的得失。当你成功的时候，老天会把你失去的一切都还给你。如果你吝啬于眼前的付出，你或许会一无所获。

西汉时期的著名学者匡衡,小时候非常好学。但是家里非常贫穷,根本没有钱让他去读书。不但如此,他白天必须干许多活儿,赚钱糊口。只有晚上,他才能坐下来安心读书。不过,他又买不起蜡烛,天一黑,就无法看书了。匡衡心痛这样浪费的时间,内心非常痛苦。

他的邻居很富有,一到晚上好几间屋子都点起蜡烛,把屋子照得通亮。匡衡有一天鼓起勇气,对邻居说:"我晚上想读书,可买不起蜡烛,能否借用你们家的一寸之地呢?"邻居一向瞧不起比他们家穷的人,就恶毒地挖苦说:"既然穷得买不起蜡烛,还读什么书呢!"匡衡听后非常气愤,不过他更下定决心, 一定要把书读好。

匡衡回到家中,悄悄地在墙上凿了个小洞,邻居家的烛光就从这洞中透过来了。他借着这微弱的光线,如饥似渴地读起书来,渐渐地把家中的书全都读完了。

匡衡读完这些书,深感自己所掌握的知识远远不够,他想继续多读一些书的愿望更加迫切了。

附近有个大户人家,有很多藏书。一天,匡衡卷着铺盖出现在大户人家门前。他对主人说:"请您收留我,我给您家里白干活儿不要报酬。只是让我阅读您家的全部书籍就可以了。"主人被他的精神所感动,答应了他借书的要求。

匡衡就是这样勤奋学习的,后来他做了汉元帝的丞相,成为西汉时期有名的学者。

付出是因,收获是果。如果匡衡少年时代没有苦读,长大了也不会有所作为。无论做什么事情,都要懂得付出。在创富的路上,付出就是那用于引水的水,如果你连引水都不舍得付出,怎么能有收获呢?

有的人常常感叹自己得到的没有别人多，同样在一家企业上班，为什么小王的工资是 5000 元，而自己的只有 4000 元？越想越不服气，越不服气越不肯全力以赴地工作……或许你只看到小王的工资多少，没有看到小王付出了多少。

齐白石是湖南湘潭人，他是我国 20 世纪十大画家之一，世界文化名人。齐白石 1864 年 1 月 1 日（清同治三年癸亥冬月廿二）出生于湘潭县白石铺杏子坞，1957 年 9 月 16 日（丁酉年八月廿三）病逝于北京，享年 93 岁。宗族派名纯芝，小名阿芝，名璜，号兰亭、濒生，别号白石山人，遂以齐白石名行世；并有齐大、木人、木居士、红豆生、星塘老屋后人、借山翁、借山吟馆主者、寄园、萍翁、寄萍堂主人、龙山社长、三百石印富翁、百树梨花主人等大量笔名与自号。

齐白石小时候家里很穷，根本上不起学。他 8 岁就给人家放牛、砍柴。牛在吃草，他就用柴棍在地上画画。后来，他当了木匠，白天干活儿，晚上在昏暗的油灯下学画。夏天蚊虫叮咬，冬天两脚冻得发麻，他都不在乎，一直画到灯油燃尽为止。就这样，他画的画越来越好了。

齐白石家里种了许多花草，招来许多小昆虫，水缸里还养着鱼和虾，他每天仔细地观察它们。他要画蚱蜢，就跟在一只蚱蜢后面满院子跑，一直到看清蚱蜢跳跃时双腿的动作为止。别人劝他把蚱蜢拴住，他说拴上绳子蚱蜢不舒服，动作不自然，那就画不准了。

善于观察和刻苦练习让齐白石获得很大成功，他的画深受各国人民的喜爱。

认准了目标，坚持付出，即使生活贫穷的人也一样能够成功。齐白石自学画画，如果不是持续地付出，他不可能取得这么大的成就。

你是否做过只付出一半的事情？你以为少付出一点是你聪明，其实那只是自欺欺人的自作聪明罢了。

在创富过程中，如果你清楚自己最想要的是什么，知道自己该怎样付出，就不会抱怨付出与收获不成比例了。天道酬勤，一分付出一分收获。

郭子仪和李光弼是唐朝同一时期的大将。但是，两人因为平时的一些误会，积怨很深，感情很不好。有时候在一起吃饭，都不愿意看对方一眼，更别提互相说话了。

但是有一件事情改变了这种局面。安禄山造反，皇帝命令郭子仪做朔方（今宁夏一带）节度使，李光弼成为了他的部下。当时的节度使大致相当于战区司令长官兼行政长官，权力极大。

李光弼这时有些担心，怕郭子仪公报私仇，借故杀他，他甚至想偷偷逃走。哪知郭子仪反而向皇帝极力举荐他，结果皇帝就任命李光弼为河东节度使，同时，郭子仪还将自己部下的一万精兵分给了他，让他带兵东征。

郭子仪此举让李光弼产生了更大的误会，心想郭子仪这次一定不会放过他了。于是他横下一条心来，找到郭子仪说："今后不管怎么处置我，我都不抱怨，只图不连累妻小。"

郭子仪听后，很是诧异，忙离开座位，抱住李光弼，眼含热泪说："国家危急，我们应该同心协力，不能再小肚鸡肠，斤斤计较了。"

李光弼见郭子仪心胸如此坦荡，便带队请战。此后，将帅一心，在平叛中立下了赫赫战功。

这个故事告诉我们要做一个懂得付出的人。人与人之间的相处，往往会涉及一些利益的纠纷，只有像郭子仪那样，不斤斤计较，才能取得更大的共同利益。

人生当中懂得付出，就永远有可付出；贪求索取，就永远有所索取。付出的越多，收获的也越多；索取的越多，收获的就越少。不懂得付出，即使机会在你眼前你也抓不住。的确，懂得付出的人，会感受到付出之后的满足，会在他人的感激中让快乐升华为幸福。

付出是实现幸福的重要途径，也许你是一个拥有金钱、爱情、荣誉、成功的人，但是你不一定幸福。幸福是人生的至高追求，只有给予和付出，你才能实现这一追求。

创富是一个不断付出的过程，如果你学会了全心付出，你的创富也会有所收获。那么在创富时要怎样付出呢？

1. 懂得"舍、得"的关系

舍得舍得，有舍才有得。在创富的过程当中，之所以有些人不肯付出，是因为害怕失去，害怕有舍没有得。舍就是一种付出，是一种做事的心态，要把舍当成一件重要的事情做，要勇于承担，承担是成长的开始，是成功的源头。要想创富成功，必须先付出，付出分为两大类：一类是有目的的付出，是为了追求利益；另一类是无目的的付出，这种付出会得到他人的尊重、支持以及同样的帮助。创富的过程需要我为人人，人人为我。只有每个人都真心付出，才能得到同样的回报。

2. 要懂得自律

有些人认为别人不知道，所以吝啬于付出，甚至是偷工减料、缺斤短两，也许这种行为在某些时候能够欺骗一部分人，但是不能永远欺骗所有的人。善于付出的人是高度严谨自律的人，必定是以高标准要求自己的人。在我们中华文化里有一个词叫作"敬畏之心"，这也是一种通过他律的自律，我们要善于学习和养成这种常怀敬畏之心的习惯，这样就能自觉地付出，而不是一味地获得。

3. 善于抓"西瓜"

有些人在创富的过程中斤斤计较，干的是抓了芝麻丢了西瓜的事情。例如一个卖糖果的人，每次给人称糖果总是抬不起秤，多一块都给人拿下来，时间长了生意很是冷淡。微不足道的一两块糖就会让顾客觉得商家吝啬、贪财，因此店里不会有回头客。让利于人，吃小亏为的是长远的利益，树立良好的信誉，得到顾客的信赖，这才是经营之道。

4. 付出要懂得负责

付出本身就是一种负责，但是付出需要对祖国、对人民负责，付出需要对民族、对国家忠诚。也就是说付出需要遵纪守法，要在一些人受益且不危害另一些人的基础上。有些人行贿、送礼，这不是付出，这是违法乱纪。

总之，创富的过程中不要去计较比别人多付出了一点，付出经过不断地累积，就会慢慢有收获，就像人脉一样，平常懂得帮助他人不断积累人脉的人，等到自己需要帮助时，就会有很多人愿意主动帮你。

这个世界上存在着许多不确定的东西，你的付出不一定马上就有回报，但如果你不付出，就一定不会有回报。创富也是这样，你没有付出，就没有回报。

感恩付出，把爱传递。